사랑은
언제나
옳다

사랑은
언제나 옳다

지은이 | 김지철
초판 발행 | 2017. 2. 15
2쇄 발행 | 2018. 1. 15
등록번호 | 제1988-000080호
등록된 곳 | 서울특별시 용산구 서빙고로 65길 38
발행처 | 사단법인 두란노서원
영업부 | 2078-3352   FAX | 080-749-3705
출판부 | 2078-3331

책값은 뒤표지에 있습니다.
ISBN 978-89-531-2747-0 03230   Printed in Korea

독자의 의견을 기다립니다.
tpress@duranno.com   www.duranno.com

• 본문에 인용된 성경은 표기가 없는 한 개역개정임을 밝힙니다.

두란노서원은 바울 사도가 3차 전도여행 때 에베소에서 성령 받은 제자들을 따로 세워 하나님의 말씀으로 양육하던 장소입니다. 사도행전 19장 8-20절의 정신에 따라 첫째 목회자를 돕는 사역과 평신도를 훈련시키는 사역, 둘째 세계선교(TIM)와 문서선교 (단행본·잡지) 사역, 셋째 예수문화 및 경배와 찬양 사역, 그리고 가정·상담 사역 등을 감당하고 있습니다. 1980년 12월 22일에 창립된 두란노서원은 주님 오실 때까지 이 사역들을 계속할 것입니다.

요나를 통해 배우는 영적 성숙의 길

사랑은
언제나
옳다

김지철 지음

두란노

목차

저자 서문 / 006

1. 사랑을 선택하는 것이 믿음입니다 / 015
   _욘 1:1-3

2. 하나님은 사랑의 추적을 멈추지 않습니다 / 035
   _욘 1:4-10

3. 우리는 받은 은혜를 쉽게 잊는 죄인입니다 / 055
   _욘 1:11-16

4. 고난은 믿음을 비추는 거울입니다 / 075
   _욘 1:17-2:4

5. 겉옷만 갈아입어서는 안 됩니다 / 093
   _욘 2:5-10

6. 몸만 따르는 것은 순종이 아닙니다 　　　　　　　/ 113
    _욘 3:1-5

7. 회개는 하나님의 마음을 움직이는 열쇠입니다 　　/ 133
    _욘 3:5-10

8. 사랑이 없다면 거룩한 분노가 아닙니다 　　　　　/ 153
    _욘 3:10-4:4

9. 하나님의 넓은 사랑이 우리를 구원했습니다 　　　/ 171
    _욘 4:4-11

저자 서문

난 지금도 요나서를 읽을 때마다 슬그머니 미소를 짓는다. 하나님이 얼마나 유머가 가득한 분인가를 새롭게 깨닫기 때문이다. 물론 요나서에 나타난 사건은 매우 치열하고 엄정하다. 바닷물 속에 빠져 허우적거리는 요나의 삶도 그렇지만, 니느웨라는 한 도시와 민족의 흥망성쇠를 가늠하는 내용이 담겨 있기 때문이다. 그런 험악한 정황 속에서도 하나님은 요나와 대화하신다. 그 대화가 요나의 정곡을 찌르면서도 유머스럽게 펼쳐지고 있어서 정말 감탄하지 않을 수 없다.

요나서는 불과 넉 장의 분량밖에 안 되지만, 요나서 한 구절 한 구절을 대할 때마다 마음이 설렌다. 가장 멋진 하나님, 유머가 풍성하신 하나님, 그러면서도 인간의 죄악을 엄중하게 대하시는 하나님, 하지만 동시에 죄를 회개하면 용서하시는 하나님의 모습이 흥미진진하게 펼쳐지기 때문이다. 하나님은 인간에게 온전한 자유를 주시면서도, 그를 섬세하게 살피시고 놓치지 않는 분이시다.

요나서에서는 자기 자신만을 아는 요나의 편협함과 하나님의 너그러운 관용이 마주친다. 양자가 격렬히 부딪친다. 거기서 강렬한 파열음도 생긴다.

예언자 요나는 하나님의 말씀이 기본적으로 유대인에게만 주어져야 한다고 생각했다. 이방인들에게, 더더구나 유대인들의 적대자들에겐 그 말씀이 불가하다고 보았다. 하나님의 말씀을 듣고 그들이 회개해 하나님께 용서받을 수 있다는 사실을 상상조차 하기 싫었다. 선민의식에 사로잡혔던 요나, 그래서 그는 이방인을 용서하시려는 하나님의 태도에 반기를 든다.

요나가 택할 수 있는 길은 한 가지였다. 하나님 앞에서 숨는 것, 바로 도망가는 것이다. 하나님의 손길이 미치지 않는 저 바다 끝으로 도피하는 것이다. 그래야 적대자들이 하나님의 말씀을 듣지 못한다. 그래야 그들이 망하도록 내버려 둘 수 있다. 그래서 요나는 도망가고, 하나님은 추적하신다.

요나는 내내 시기와 질투 어린 투정을 하나님께 쏟아붓는다. 요나가 싫어하고 배격했던 하나님의 성품은 놀랍게도 하나님의 넉넉한 사랑이었다.

> "그러므로 내가 빨리 다시스로 도망하였사오니 주께서는 은혜로우시며 자비로우시며 노하기를 더디 하시며 인애가 크시사 뜻을 돌이켜 재앙을 내리지 아니하시는 하나님이신 줄을 내가 알았음이니이다"(욘 4:2).

요나는 이렇게 대든다. "주님! 당신은 너무 사랑이 많아요. 너무 쉽게 용서해요. 한번 징벌하시겠다고 마음먹었으면 그대로 하세요. 나와 내 민족만 좋아하면 되는데, 왜 다른 백성까지 좋아하십니까?"

요나의 모습은 꼭 국수주의자 같다. 자기 민족을 향한 선민의식이 단순한 자기 자랑을 넘어 배타적인 이기주의자의 모습으로 채색되어 있다. 요나는 자기 고정관념 안에서 하나님의 성품을 멋대로 재단하고 규정해 버렸다.

하나님은 그러한 요나의 생각을 바꾸고 싶으셨다. 이스라엘만의 하나님이 아니라, 만민을 사랑하시고 초청하시는 하나님이심을 선언하고 싶어 하셨다. 특히, 마지막 요나서 4장의 장면은 하나님이 웃음을 머금은 채 요나를 지그시 바라보고 계신 것처럼 느껴진다.

니느웨라는 도시는 족히 사흘은 걸어야 완주할 수 있는 거리다. 그러나 요나는 기껏 하루 동안만 다니며 하나님의 말씀을 선포했다. 자세한 설명도 없이, 밑도 끝도 없이 그저 단순하게 외쳤다.

"사십 일이 지나면 니느웨가 무너지리라"(욘 3:4).

그런데 이 말씀을 듣고 니느웨 왕으로부터 국가의 고관대작들, 평민에 이르기까지 전 민족이 전심으로 하나님 앞에 회개하기 시작한다. 요나가 원한 건 이런 게 아니었다. 오히려 정반대이길 소원했다. '너희들, 회개하지 말고 그냥 심판 받고 죽어라'라는 악한 심보가 그의 안에 있었다. 그는 하나님께 이렇게 항의했을 것이다. "하나님은 공의와 정의의 하나님이시잖아요. 그러면 좀 담대하게 심판을 내리세요. 징계를 마구 퍼부으세요!"

바로 그때 하나님의 유머가 절정에 다다른다. 요나는 니느웨 동쪽 언덕에 올라 니느웨 성이 멸망당하는 것을 지켜보길 원했다. 그런데 그 행위 자체가 고역이었다. 뜨거운 햇볕이 온종일 요나의 머리 위에 쏟아졌기 때문이다. 그러자 하나님이 요나 곁에 박넝쿨을 자라게 하신다. 잎이 넙죽한 박넝쿨이 그늘이 되어 요나의 머리를 가려 주었다. 이내 요나의 기분도 좋아졌다. 하나님이 자신의 마음을 알고 이해하시는 것 같아 의기양양해졌다. 그런데 다음 날이 되니, 그렇게 싱싱했던 박넝쿨이 어느새 시들어 버렸다. 벌써 벌레가 생겨 잎을 다 갉아먹은 것이다.

요나는 징징대며 하나님께 대든다. "하나님, 차라리 저를 죽여 주세요. 제가 이런 작은 혜택도 받을 자격이 없습니까? 박넝쿨 하나만 선물로 주셔도 제가 이렇게 좋아하지 않습니까? 이제 제가 사는 것보다 죽는 것이 낫겠습니다. 차라리 저를 죽여 주세요!" 이렇게 화를 내며 자극적인 말도 서슴지 않는다.

요나서의 마지막은 하나님의 질문으로 끝난다.

"네가 수고도 아니하였고 재배도 아니하였고 하룻밤에 났다가 하룻밤에 말라 버린 이 박넝쿨을 아꼈거든 하물며 이 큰 성읍 니느웨에는 좌우를 분변하지 못하는 자가 십이만 여 명이요 가축도 많이 있나니 내가 어찌 아끼지 아니하겠느냐"(욘 4:10-11).

"요나야, 네가 내 심정을 아느냐?"

이 질문에 대한 대답을, 요나서는 독자 한 사람 한 사람에게 맡긴다. 절묘한 마감이다. 우리는 그 뒤에서 하나님의 미소, 아니 하나님의 따뜻한 웃음소리를 듣는다.

이러한 하나님의 넓으신 사랑과 용서하시는 긍휼 때문에 멸망당해도 마땅한 나와 우리가 이렇게 살아 있는 건 아닐까? 그런데 그럼에도 불구하고 나는 요나와 같이 편협하고 이기적인 신앙을 이데올로기처럼 고수하고 있는 건 아닐까? 요나에게 꼭 '요 못된 나'의 모습

사랑은
언제나
옳다

이 들어 있다. 그런 우리를 향해 하나님은 "얘야! 네 생각을 좀 넓히지 않을래? 네 마음을 좀 너그럽게 가지지 않을래?" 하고 말씀하시는 것 같다.

하나님의 자비로우심은 늘 나의 좁다란 생각을 뛰어넘는다. 그래서 다시 감격스럽게 고백하지 않을 수 없다. '그분의 사랑은 언제나 옳다'고!

요나서 강해를 한 구절 한 구절 읽고 수정해 준 강영롱 목사, 박혜영 전도사가 아니었다면 이 책은 나올 수 없었을 것이다. 이 원고를 읽고 예쁜 책으로 만들어 준 두란노서원에도 깊이 감사드린다.

2017년 사순절을 앞두고
김지철 목사

"
신앙이란
예수님과 함께
삶의 이야기를
만들어 가는 것입니다.
"

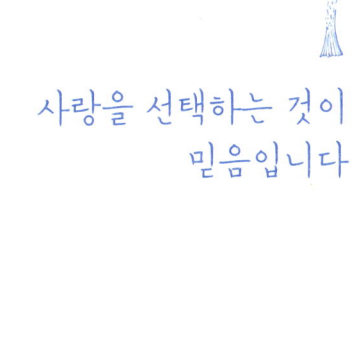

사랑을 선택하는 것이
믿음입니다

사랑은
언제나
옳다

 욘 1:1~3

여호와의 말씀이 아밋대의 아들 요나에게 임하니라 이르시되 너는 일어나 저 큰 성읍 니느웨로 가서 그것을 향하여 외치라 그 악독이 내 앞에 상달되었음이니라 하시니라 그러나 요나가 여호와의 얼굴을 피하려고 일어나 다시스로 도망하려 하여 욥바로 내려갔더니 마침 다시스로 가는 배를 만난지라 여호와의 얼굴을 피하여 그들과 함께 다시스로 가려고 배삯을 주고 배에 올랐더라

신앙이란
주님과 함께하는
삶의 이야기입니다

어느 토요일 오후 소망교회 대학부를 방문한 적이 있습니다. 대학생들에게 토요일은 무척 바쁜 날입니다. 그런데 대학부 학생들은 교회에 나와서 찬양하고 말씀을 배우고 있었습니다. 젊을 때 주님을 사랑하는 모습이 참으로 아름다웠습니다. 말씀을 마치고 나오려는데 대학부 임원단 20여 명이 직접 쓴 편지를 선물로 줬습니다. 집에 와서 하나하나 읽어 보니 얼마나 뿌듯하고 설레었는지 모릅니다. 그중에 일부를 소개하려고 합니다.

"어렸을 때는 부모님께서 새벽 예배에 같이 가자고 하시면 더 자고 싶어서 무척 가기 싫었습니다. 그런데 요즘은 부서 사역 후에 아무리 졸려도 꼭 예배에 참여한답니다. 많이 컸죠?"

"주일 말씀을 들어야 한 주일 버틸 힘이 생기더라고요. 청년의 때에 궁금한 점이 참 많습니다. 목사님께서는 청년의 때에 어떻게 사셨습니까? 어떻게 믿음 생활 하셨는지 시간 나면 꼭 들려주세요."

또 한 친구는 자신을 아우성 팀장으로 소개하면서 짧지만 편지를 쓸 수 있어서 무척 좋다고도 했습니다. '아우성'이란 '아이들과 우리들의 성장 이야기'의 줄임 말로, 홍제역에 위치한 송죽원 아이들에게 월요일마다 영어를 가르치는 팀입니다. 예배만 드리는 공동체가 아니라, 말씀을 가슴에 품고 자신들이 가진 재능을 다른 사람들에게 선물로 주면서 기뻐하는 모습이 참으로 기특했습니다.

신앙이란 무엇일까요? 신앙이란 삶의 이야기를 만들어 가는 것입니다. 예수님과 함께 사는 삶의 이야기입니다. 교회에 와서는 찬송을 부르고 기도하다가도 교회 문을 나서는 순간 예수님과 상관없는 존재가 되는 것이 아니라 밥을 먹을 때도, 길을 걸을 때도, 사람을 만날 때도, 직장에서 일을 할 때도 하나님과 함께하는 삶의 이야기가 신앙입니다.

십자가는 하나님의 가장 흥미진진한 이야기입니다

드라마나 영화를 즐겨 보십니까? 누군가 잘 먹고 잘 살다가 잘 죽었다는 것으로는 드라마나 영화가 만들어지지 않습니다. 그런 이야기에는 아무도 관심을 기울이지 않기 때문입니다. 우리가 드라마를 보는 이유는 거기에 흥미진진한 삶의 이야기가 담겨 있기 때문입니다. 적어도 다음 세 가지가 복합적으로 들어가 있어야 우리의 흥미를 끕니다.

첫째, 사랑과 미움, 차가움과 따뜻함, 분노와 용서, 선인과 악인, 고난과 극복이 교차하며 생동감 있게 그려져야 사람들이 관심을 기울입니다. 우리의 인생도 마찬가지입니다. 갈등이나 충돌이 없는 인생에는 이야기랄 것이 없습니다. 주님을 사랑하면서 가정이나 직장에서 충돌을 경험하고 그것을 극복해 나갈 때 비로소 우리 인생에 이야기가 만들어집니다.

둘째, 추적자와 도망자가 등장해야 합니다. 영화 '레

미제라블'을 보면, 자베르라는 형사가 얼마나 집요하게 장발장을 추적합니까? 장발장이 아무리 변장을 해도 기가 막히게 알아차립니다. 그것이 우리를 이야기에 더욱 몰입하게 만듭니다.

셋째, 현실을 뛰어넘는 지고지순한 사랑, 초월적 세계의 강력한 간섭이 있어야 합니다. 그것이 우리의 이상향을 충족시키기 때문입니다. 그래서 젊은이들은 슈퍼맨처럼 강력한 힘을 가진 영웅이 악당을 물리치는 이야기에 환호하고, 중년들은 순수하고 애틋한 사랑과 헌신을 보면서 과거를 추억하고 그런 사랑을 다시 꿈꿉니다.

성경은 이런 이야기들로 가득 차 있습니다. 대표적인 것이 예수님의 십자가입니다. 십자가는 인간의 갈등과 분노, 투쟁이 정점에 도달한 자리입니다. 산 사람을 나무 십자가에 매달아 못을 박고, 창으로 찔러 죽인다고 생각해 보십시오. 이처럼 강렬한 인상을 주는 사건이 또 어디에 있습니까? 그 안에 인생의 모든 갈등이 집약되어 있지 않습니까?

또한 추적자와 도망자가 만나는 지점이 바로 십자

가입니다. 하나님은 추적자, 나는 도망자였다가 끊임없이 따라오시는 하나님이 내 이름을 부르셨을 때 내 마음이 열리지 않았습니까? 반대로 "내 인생 이게 뭡니까? 하나님이 정말 살아 계십니까? 살아 계시다면 내게 보여 주세요!" 하고 내가 추적자처럼 하나님을 따라가다가 예수 그리스도의 십자가를 보면서 나를 향한 하나님의 사랑과 은혜를 깨닫게 되지 않았습니까?

그리고 지고지순한 하나님의 사랑, 죄인인 나를 용서하시는 하나님의 사랑의 역사가 바로 십자가에 있습니다. 하나님의 초월적인 계시가 십자가의 말씀을 통해서 우리에게 다가올 때 우리의 가슴이 뜨거워지지 않았습니까?

성경을 읽을 때 그 이야기들이 나의 이야기가 되기를 바라야 합니다. 하나님은 모세와 함께 쓰신 이야기, 요셉과 함께 쓰신 이야기, 베드로와 함께 쓰신 이야기를 나와도 함께 쓰기를 원하십니다. 그것을 받아들이는 것이 믿음입니다.

> 우리는 모두
> 하나님의 용서와 사랑을
> 받아야 합니다

이 장은 하나님의 뜻에 반항하는 요나에 대한 이야기를 다루고 있습니다. 그런데 그냥 요나가 아닙니다. '요(못된) 나'입니다. 요나 속에 내가 있고, 내 속에 요나가 있습니다.

요나의 이야기에는 갈등과 다툼이 있고, 도망자와 추적자가 있습니다. 그리고 그 모든 것을 아우르는 것이 하나님의 놀랍고 위대한 사랑입니다.

요나서를 읽으며 가장 먼저 드는 생각은 그가 왜 도망을 갔을까 하는 것입니다. 그는 왜 도망자가 되었을까요?

> "너는 일어나 저 큰 성읍 니느웨로 가서 그것을 향하여 외치라 그 악독이 내 앞에 상달되었음이니라 하시니라"(욘 1:2).

하나님의 한마디에 요나는 도망치기 시작했습니다. '니느웨 성에 악독이 가득해서 이제 하나님이 심판하려 하신다'는 것을 전하라는 명령이 왜 그를 도망하게 만들었을까요?

요나는 믿음의 사람이었기 때문입니다. 그는 하나님을 알고, 하나님의 말씀은 능력이 있다는 사실을 알았습니다. 그래서 니느웨 사람들이 심판의 말씀을 들으면, 하나님을 두려워하여 회개하고 돌아올 것을 충분히 예상할 수 있었습니다. 그는 그것이 싫었던 것입니다.

니느웨는 이스라엘의 적대국인 앗수르 제국의 수도였습니다. 하나님을 알지 못하는 민족, 하나님의 백성인 이스라엘을 끊임없이 위협했던 그들에게 복음을 증거하는 것이 요나의 마음에 들지 않았습니다. 그들이 하나님을 알게 되는 것이 싫었습니다. 아니, 그들이 하나님을 아는 것을 용납할 수가 없었습니다. 그런 악하고 못된 나라는 하나님을 알지 못하고 망하는 것이 마땅하고, 하나님이 주신 특권은 하나님의 백성인 '우리'만 누려야 한다는 생각이 그에게 있었던 것입니다. 하나님의 사랑보다 하나님의 공의와 정의가 더 크기를 원했는데, 하나님이 그 악한 민족에게도 돌이킬 기회를 주시고 사랑하시려고 하니 그 뜻에 참여할 수가 없었습니다.

우리에게도 그런 마음이 있지 않습니까? 내가 싫어하는 사람이 예수 믿고 복 받으면 못 견딜 것 같은 마음 말입니다. '저 사람은 예수 안 믿었으면 좋겠다. 저 사람은 가다가 넘어졌으면 좋겠다. 저 사람이 하는 일은 다 망했으면 좋겠다.' 이것이 바로 요나와 같은 마음입니다.

우리는 하나님을 사랑하면서도
하나님을 거부하는 삶을
살고 있습니다

요나는 격렬할 만큼 열정적이고, 때로는 완고하고 도전적이었습니다. 그는 하나님의 뜻을 꺾고 싶었습니다. 하나님에게 화가 났습니다. 분노가 치밀었습니다.

그런데 감히 하나님께 대들 수는 없었습니다. 그래서 하나님으로부터 도망가기로 결심한 것입니다. '하나님이 내가 어디에 숨었는지 모르시게 꼭꼭 숨어야지.' 결국 요나는 불순종의 길을 택했습니다.

요나에게는 이스라엘 백성으로서의 자부심이 있었습니다. '이스라엘의 예언자'라는 나름대로의 높은 자존감도 있었습니다. 그런데 지금 하나님이 니느웨에 가서 하나님의 뜻을 전하라고 하시는 것입니다. '제가 유대인의 예언자이지 이방인의 예언자는 아니잖아요. 하나님, 만약 이방인을 위한 예언자가 필요하시다면, 다른 사람을 쓰세요. 저는 이스라엘 백성을 위한 예언자로 있을 거예요!' 하나님에게 대들고 싶은 마음이 그를 도망자로 만들었습니다.

"그러나 요나가 여호와의 얼굴을 피하려고 일어나 다시스로 도망하려 하여 욥바로 내려갔더니 마침 다시스로 가는 배를 만난지라 여호와의 얼굴을 피하여 그들과 함께 다시스로 가려고 배삯을 주고 배에 올랐더라"(욘 1:3).

'다시스'는 지중해 쪽에 위치한 도시입니다. 요나는 니느웨에서 먼 곳, 니느웨의 반대 방향으로 가기를 원했습니다. 그런데 이 짧은 말씀에 반복되어 나타나는 표현이 있습니다. 바로 "여호와의 얼굴을 피하여"입니다. '하나님, 저는 도저히 하나님의 그 말씀을 못 받아들이겠어요. 저를 그냥 내버려 두세요'라는 요나의 마음 상태인 것입니다.

하나님의 뜻과 요나의 고정관념, 편협한 생각, 이데올로기화된 생각이 충돌하고 있습니다. 결국 요나는 충돌 앞에서 도망갑니다. 하나님을 믿으면서도 하나님의 뜻을 거부한 것입니다. 하나님을 믿고 사랑하는데 하나님의 뜻을 거부하는 것이 가능할까요?

우리 안에도 이러한 일은 매일 일어납니다. 하나님의 뜻을 어느 정도 압니다. 하나님이 원하시는 것도 압니다. 그러나 우리는 그 뜻에 순종하기를 거부합니다.

"주일날 반드시 예배드릴게요. 기도도 하고 성경도 열심히 읽을게요. 십일조도 꼬박꼬박 드릴게요. 가끔 제가 필요한 자리가 있으면 교사로, 찬양대원으로 봉사도 할게요. 대신 세상에 있을 땐 제 뜻대로 살게요.

'거룩하게 살라, 남을 위해서 살라' 그렇게 말씀하지 마세요."

한마디로 "노 터치(No touch)!"라고 대답하는 것입니다. 이처럼 하나님을 믿고 하나님을 사랑하고 하나님이 하시는 말씀이 소중하다는 것을 알면서도 우리 안에는 요나와 같은 이중적인 마음이 있습니다.

요나는 사실 개인적인 탐욕 때문에 하나님의 뜻을 거부했던 것은 아닙니다. 그는 애국자였습니다. 문제는 자신의 민족은 사랑했지만 이방인에게는 미움과 분노를 가졌다는 것입니다. 그는 배타적인 선민의식을 가지고 있는 사람이었습니다.

우리 마음속에는
'요 못된 나'가
살아 움직이고 있습니다

요나가 도망간 이유에는 하나님의 사랑도 있었습니다. "하나님, 하나님의 사랑이 너무 크고 헤퍼요. 그렇게 마구 주시면 버릇이 나빠져요. 하나님, 회초리를 드세요. 인간을 그렇게 내버려 두시면 안 돼요." 그는 하나님이 자비를 베푸시는 것이 싫었습니다. 나와 내 가족, 내 민족에게만 하나님이 자비로우시기를 바랐습니다. 다른 사람에게는 엄격한 기준으로 야단치시는 하나님이기를 원했습니다. 이것이 요나가 가지고 있던 이중적인 태도입니다.

요나서 4장을 보면, 요나가 왜 하나님의 손길에서 도망가려고 애썼는지 더욱 분명하게 나타납니다.

> "여호와께 기도하여 이르되 여호와여 내가 고국에 있을 때에 이러하겠다고 말씀하지 아니하였나이까 그러므로 내가 빨리 다시스로 도망하였사오니 주께서는 은혜로우시며 자비로우시며 노하기를 더디 하시며 인애가 크시사 뜻을 돌이켜 재앙을 내리지 아니하시는 하나님이신 줄을 내가 알았음이니이다"(욘 4:2).

"하나님은 착하고 자비로우셔서 회개하는 사람을 모두 용서하시잖아요? 그걸 알기 때문에 제가 도망갔던 거라고요. 제가 전하는 하나님의 말씀에 그들이 회개하고 하나님께 용서를 받는 게 싫어요." 요나는 하나님께 저항했습니다. 그의 마음은 이랬습니다. '하나님, 하나님의 정의와 공의가 더 앞서야 되지 않나요? 하나님의 사랑과 긍휼로 인간이 고쳐지던가요? 안 고쳐지잖아요. 하나님이 악한 사람을 심판하셔야 인간이 정신을 차려요. 그러니 하나님, 우리 이스라엘 백성들만 붙들고 계세요. 우리는 괜찮은 사람들이니까요.'

요나의 '요 못된 나'의 마음이 우리에게도 있지 않습니까? 하나님의 사랑과 자비를 이해하지 못하는 편협한 우리는 때로 하나님의 뜻이 불편하게 느껴집니다. 마치 내가 손해를 보는 것 같아서 기분이 나쁩니다. 자존심이 상하기도 하고, 하나님이 내 마음을 전혀 배려하지 않는 것 같다는 생각이 들기도 합니다. 그래서 우리는 하나님의 뜻에 저항할 때가 있습니다.

예수님을 믿습니까? 복음이 축복이고, 복음을 믿으면 하나님이 주시는 복을 받는다는 것을 믿습니까? 그렇다면 내가 미워하는 사람이 예수님을 믿게 되어 하늘의 기쁨과 축복을 경험하는 것을 진심으로 좋아할 수 있습니까? 그런데 이것이 생각처럼 쉽지 않습니다. 나를 괴롭히는 사람을 향해서 '저 사람은 망했으면 좋겠다' 하는 마음이 종종 드는 것이 사실입니다.

우리에게는 못된 심보가 있습니다. 우리가 북한 백성들을 위해서는 기도합니다. 그러나 김정은을 위해서는 저 역시 기도가 안 됩니다. 일본에 대해서도 비슷합니다. 그래도 젊은 사람들은 비교적 많이 극복되었는데, 60세가 넘고 70세가 넘은 분들은 일본을 생각하면 분노가 일어서 일본을 위한 기도가 잘 나오지 않습니다.

더 큰 자아를 향해
가치관을
넓혀야 합니다

예수님을 믿는다면, 마음을 넓게 가져야 합니다. 소위 말하는 '밴댕이 소갈딱지' 같은 마음에서 벗어나야 합니다. 마음을 부드럽게 가지십시오. 용서하기 어려운 사람, 미움이 생기는 사람을 위해서도 기도할 수 있는 마음이 생겨야 합니다. 나만 괜찮은 존재이고, 우리 가문만 소중하다고 여겨서는 안 됩니다. 내가 나고 자란 곳을 사랑하되 지역감정을 가져서는 안 됩니다. 내 나라를 사랑하되 국수주의자나 민족주의자가 되어서는 안 됩니다. 내 정치 성향과 다르다고 해서 진보를, 혹은 보수를 미워해서는 안 됩니다. 어떻게든 더불어 살아가는 것을 꿈꿔야 합니다. 그래야 진정한 평화를 이룰 수 있고, 갈등을 해결하는 지혜를 얻을 수 있습니다.

그러기 위해서는 삶의 가치관과 우선권을 확대할 수 있어야 합니다. '나'보다 더 큰 자아를 가져야 합니다. 즉, '나'에서 '가정'으로, '지역공동체'와 '민족공동체'로, '교회'와 '하나님 나라'로 나의 가치관과 판단 능력을 넓혀가야 합니다. 그래야 우리가 진정한 하나님의 사람이 될 수 있습니다. 이 땅에 하나님의 나라를 세울 수 있는 믿음의 사람이 될 수 있습니다.

기도하고 사랑하면서 우리의 남은 인생 일기를 쓰기를 권합니다. "하나님, 제가 제 가정과 직장에서의 삶 속에서 주님과 더불어 인생 스토리를 만들어 가겠습니다. 그래서 그 스토리가 '히스토리'(history)가 되게 하겠습니다"라고 다짐하십시오. 차를 운전할 때나 시장에 갈 때나 직장에서 일할 때나 하나님의 마음을 품고 하나님과 더불어 인생 드라마를 만들어 가는 복된 그리스도인이 되기를 소망합니다.

> "
> 예수님을 믿는다면,
> 마음을 넓게 가져야 합니다.
> 용서하기 어려운 사람,
> 미움이 생기는 사람을 위해서도
> 기도할 수 있는 마음이 생겨야 합니다.
> "

"
하나님께
먼저 순종하는 법을 배우면
현실의 문제를
이겨 낼 수 있습니다.
"

2

하나님은 사랑의
추적을 멈추지 않습니다

사랑은
언제나
옳다

 욘 1:4~10

여호와께서 큰 바람을 바다 위에 내리시매 바다 가운데에 큰 폭풍이 일어나 배가 거의 깨지게 된지라 사공들이 두려워하여 각각 자기의 신을 부르고 또 배를 가볍게 하려고 그 가운데 물건들을 바다에 던지니라 그러나 요나는 배 밑층에 내려가서 누워 깊이 잠이 든지라 선장이 그에게 가서 이르되 자는 자여 어찌함이냐 일어나서 네 하나님께 구하라 혹시 하나님이 우리를 생각하사 망하지 아니하게 하시리라 하니라 그들이 서로 이르되, 자 우리가 제비를 뽑아 이 재앙이 누구로 말미암아 우리에게 임하였나 알아보자 하고 곧 제비를 뽑으니 제비가 요나에게 뽑힌지라 무리가 그에게 이르되 청하건대 이 재앙이 누구 때문에 우리에게 임하였는가 말하라 네 생업이 무엇이며 네가 어디서 왔으며 네 나라가 어디며 어느 민족에 속하였느냐 하니 그가 대답하되 나는 히브리 사람이요 바다와 육지를 지으신 하늘의 하나님 여호와를 경외하는 자로라 하고 자기가 여호와의 얼굴을 피함인 줄을 그들에게 말하였으므로 무리가 알고 심히 두려워하여 이르되 네가 어찌하여 그렇게 행하였느냐 하니라

> 여행은 마음가짐에 따라
> 즐거울 수도
> 힘거울 수도 있습니다

좋은 여행을 위한 세 가지 마음가짐이 있습니다. 여행이란 새로운 환경, 새로운 사람을 만나는 것이기에 약간의 두려움이 있습니다. 익숙하지 않은 것, 먹기 싫은 음식 등을 피하고 싶은 마음도 있습니다. 때로는 불편한 잠자리를 감수해야 하기도 하고, 불친절하고 사나운 사람을 만날 가능성도 있습니다. 그런데 이런 것들이 앞서면 즐거운 여행이 될 수 없습니다. 따라서 좋은 여행을 위한 다음의 세 가지 마음가짐을 잘 기억해야 합니다.

첫째, 호기심을 갖는 것입니다. 삶은 늘 알지 못하는 세계와 맞닥뜨리게 됩니다. 호기심은 그 미지의 세계에 대한 기대입니다. 즉, 새로운 세계를 관심을 가지고 마주하겠다는 다짐입니다.

둘째, 존중입니다. 새로운 환경과 낯선 사람을 귀중히 대하는 것입니다. 이것은 나와는 다른 것에 대한 배려라고 할 수도 있습니다.

셋째, 누림입니다. 새로운 배움과 경험의 자리가 될 수 있다는 생각으로 그 자체를 누리는 것입니다.

이것은 여행뿐만 아니라 삶을 대하는 기본적인 자세이기도 합니다. 풍성한 삶을 살려면 인생을 기대하는 호기심이 있어야 하고, 새로운 것들을 만날 때마다 존중해야 하고, 그리고 그 속에서 배우고 누릴 줄 알아야 합니다.

하지만 요나의 경우, 이 세 가지를 품은 여행이 아니었습니다. 새로운 것에 대한 기대가 없었습니다. 새로움을 존중하려는 마음도 없었습니다. 그래서 누림의 마음이 아니라 도망자의 신세로 배에 타게 되었습니다. 성경을 읽어 보면, 당시 요나의 심리적인 상태를 알 수 있습니다.

> "사공들이 두려워하여 각각 자기의 신을 부르고 또 배를 가볍게 하려고 그 가운데 물건들을 바다에 던지니라 그러나 요나는 배 밑층에 내려가서 누워 깊이 잠이 든지라"(욘 1:5).

폭풍우가 일어나서 배에 탔던 사람들이 배를 가볍

게 하려고 물건들을 바다에 던지고 있는 이 위기의 순간에 요나는 배 밑층으로 내려갔습니다. 아무도 보지 않는 곳, 아무에게도 간섭받지 않는 곳, 누구도 자신의 삶의 자리에 들어올 수 없는 폐쇄된 공간으로 그는 도피했습니다. 그리고 '누워 잠이 들었다'라고 성경은 기록하고 있습니다.

그동안 요나가 얼마나 곤고함을 겪었을까요? 얼마나 노심초사했을까요? 하나님의 말씀을 피해 도망가려고 하니 근심도 되고, '내가 이래도 될까?' 싶어 스스로를 끊임없이 되돌아보았을 것입니다. 배에 타고 나서야 쉬고 싶다는 생각에 배의 밑층에 내려가서 누운 것입니다. 그리고 '깊은 잠'이 들었습니다.

> 하나님의 추적은
> 징계와 심판이 아닌
> 사랑입니다

우리는 요나에게 물어볼 필요가 있습니다. 요나는 왜

하나님의 말씀을 거절했을까요? 왜 하나님과 담판을 짓지 않았을까요? 남이 무언가를 요청할 때 우리 속에 나타나는 몇 가지 심리가 있습니다. 그중 하나는 '나는 누구에게도 강요받는 것이 싫다. 나는 누구의 요청이든 거절하겠다. 나는 자유인이므로 내가 스스로 결정하고 행동하는 것이 내 인생의 목표다'라는 생각입니다. 자신이 좋아하는 것만 하겠다는 것입니다. 내용도 방식도 스스로 결정하겠다는 것입니다. 자신의 뜻을 이루고자 하는 의지적인 사람들에게 나타나는 특징입니다. 요나에게도 이런 마음이 있었던 것 같습니다.

요나는 정말 하나님의 마음을 읽을 수 없었을까요? 아닙니다. 요나는 하나님의 마음을 읽었습니다. 그는 그 뜻을 깊이 알고 있었습니다. 하나님의 마음을 알았기 때문에 도망간 것입니다. 요나가 볼 때 하나님은 너무 쉽게 용서하시는 분이었습니다. 그는 그런 하나님이 싫었습니다. 하나님이 선택하신 백성이 아닌 다른 백성에게도 관심을 가지시는 하나님의 그 큰마음이 싫었습니다. 그래서 하나님의 명령을 거절한 것입니다.

그런데 놀랍게도 하나님은 그런 요나를 징계하지 않

으십니다. 우리는 요나서를 읽으며 요나를 추적하시는 하나님의 움직임을 징계라고 오해할 때가 있습니다. 하지만 성경을 자세히 읽어 보면, 그것은 하나님의 징계와 심판이 아니라 하나님의 사랑입니다. 하나님은 요나를 설득하고 다시 한 번 부탁하기 위해서 쫓아가시는 것입니다.

하나님의 뜻을 이룰 사람이 요나밖에 없었겠습니까? 예수님의 말씀처럼 하나님은 길가의 돌들로도 아브라함의 자손을 만드실 수 있는 분입니다. 수많은 사람들 중에서 하나님의 말씀에 순종하는 사람을 왜 뽑으실 수 없었겠습니까? 그럼에도 하나님은 요나를 지목하며 따라오셨습니다. "나를 좀 도와줄 수 없겠니?" 하며 요나를 설득하시려는 것입니다.

성경을 읽어 보면 하나님의 이런 심정이 곳곳에 드러나 있는 것을 볼 수 있습니다. 이스라엘 백성이 애굽에서 종노릇 할 때, 하나님은 그들이 회복되기를 원하셨습니다. 그래서 그 일을 할 한 사람을 정하셨습니다. 바로 모세입니다. "모세야, 네가 가서 내 백성을 구원하라." 그런데 모세는 하나님의 부름에 저항했습니다. 자신은 능력이 없기에 지도자가 될 수 없다고 몇 번이나 하나님의 뜻을 거절했습니다. 그럼에도 불구하고 하나님은 계속 모세에게 간청하셨습니다. "네가 할 수 있다. 나를 위해서 해 주면 안 되겠니? 네가 안 하면 누가 이 일을 맡아서 할 수 있겠느냐?" 출애굽기에는 이러한 하나님과 모세의 긴 대화가 잘 기록되어 있습니다.

하나님의

사랑의 추적은

끝이 없습니다

성경을 통해 알게 되는 것은, 하나님이 우리를 추적하신다는 사실입니다. 하나님은 사랑으로 우리를 돌보시며 추적하십니다. 하나님이 우리를 추적하시는 방식은 강요가 아닙니다. 하나님은 하나님의 사람을 택하실 때, 강제적으로 억압적으로 하지 않으십니다. 하나님이 사용하시는 방식은 두 가지입니다.

첫 번째, 자유를 주면서 다가오십니다. "환경은 내가 마련하겠다. 그러나 네가 스스로 결단해라. 네가 스스로 깨닫고 네가 어떤 일을 해야 되는지 네가 결정해라." 하나님은 우리에게 부탁하실 때도 거부할 수 있는 권한을 주십니다. 반항할 수 있는 자유도 주십니다. '예'도 할 수 있지만, '아니요'도 할 수 있는 자유를 주십니다. 하나님은 인간을 대하실 때 어린아이가 아닌 성년이 된 인격체로 대하십니다. 성숙한 존재이니 스스로 판단하여 자발적으로 순종하도록 이끄십니다. "그런데 한 가지는 기억해라. 내가 너를 만들었단다. 내가 너를 사랑한단다. 내가 너를 창조했고, 내가 너를 지키고 사랑하는 하나님이란다."

우리는 이 사실을 기억해야 합니다. 하나님은 우리를 강압하지 않으십니다. 분위기와 여건을 만드시는 분은 하나님이지만, 결정은 우리가 스스로 내리도록 하십니다. 그렇지 않았다면, 하나님이 우리에게 부탁하실 이유가 없습니다. 첫 인간인 아담과 하와에게도 그러셨고, 믿음의 조상인 아브라함에게도 그러셨습니다. 그럼에도 불구하고 인간은 자신의 의지로 하나님의 뜻을 왜곡하고 거절했습니다. 가롯 유다도 스승이신 예수님을 향해서 '아니요'라고 선언했습니다. 수제자인 베드로도 순식간에 예수님을 부인했습니다. 사도 바울도 예수님을 믿기 전에는 예수님에게 저항하던 반항아였습니다.

하나님은 우리에게 자유를 열어 주시면서 이렇게 말씀하시는 것 같습니다. "네가 생각하는 방식대로 한번 가 봐라. 그런데 마지막을 미리 깨달았으면 좋겠다. 나 없이 가면 마지막은 날개 없는 생물처럼 추락하고 말 것이다. 네가 인생의 쓴맛을 보고 나서야 올 것이냐? 수많은 신앙의 사람들의 이야기가 있지 않느냐? 다른 사람의 마지막을 보고 미리 올 수는 없느냐? 네가 젊은 때에 나를 사랑할 수는 없느냐? 네가 기력이 있을 때에 나에게 사랑을 보여 줄 수는 없느냐? 시궁창에 빠지고 나서야 나를 찾지 말고, 네 젊은 날의 사랑을 내게 보여 줬으면 좋겠다." 하나님이 우리를 초청하실 때, 하나님은 늘 그런 마음이었습니다.

두 번째 방식은 숨바꼭질입니다. "네가 어디로 가서 숨더라도 내가 너를 찾을 것이다." 성경을 읽어 보면 하나님의 추적은 끝이 없습니다.

"여호와께서 큰 바람을 바다 위에 내리시매 바다 가운데에 큰 폭풍이 일어나 배가 거의 깨지게 된지라"(욘 1:4).

배가 망가지게 될 정도로 큰 바람이 불면서 폭풍이 일었습니다. 그런데 이 일의 주어가 누구입니까? 하나님입니다. 이 큰 바람을 내신 분이 하나님이십니다. 하나님은 지금 요나를 추적하시면서 "네가 도대체 어디가 있느냐" 물으시며 요나를 깨우고 있습니다. 다른 방법으로는 요나를 깨울 수가 없었기 때문입니다. "네가 어디까지 갔느냐? 네가 나 없이 가는 자리가 어디인지 아느냐? 폭풍우가 이는 자리다. 배가 깨져서 죽는 자리다. 인생의 마지막이다. 그것을 경험하고 있지 말고 어서 내게로 오거라."

철이 없는 사람들 중에는 이런 것들을 다 경험하고 나서야 예수님을 믿겠다는 사람들이 있습니다. 그런데 지혜로운 사람들은 남이 경험하는 것을 보고 예수님께만 진정한 생명과 사랑이 있고, 나를 향한 하나님의 은총의 역사가 있다는 것을 깨닫습니다. 요나는 그것을 깨닫지 못해서 절체절명의 위기 속에 빠져들었습니다.

> 정체성을 잃는 것은
> 인생 여행에서
> 길을 잃는 것과 같습니다

이번엔 요나서를 조금 다른 각도에서 보려고 합니다. 요나는 배 위에서 세상 사람들에게 질문을 받게 됩니다. "너는 도대체 누구냐? 네가 무슨 일을 했기에 우리가 이런 고생을 해야 하느냐? 네가 누구이기에 우리마저 이 위험에 빠져들게 하는 거냐?"

"선장이 그에게 가서 이르되 자는 자여 어찌함이냐 일어나서 네 하나님께 구하라"(욘 1:6).

"무리가 그에게 이르되 청하건대 이 재앙이 누구 때문에 우리에게 임하였는가 말하라"(욘 1:8).

> "자기가 여호와의 얼굴을 피함인 줄을 그들에게 말하였으므로 무리가 알고 심히 두려워하여 이르되 네가 어찌하여 그렇게 행하였느냐 하니라"(욘 1:10).

요나는 하나님의 사람이었지만, 그에게는 세 가지 문제가 있었습니다.

첫째, 자신의 존재 목적을 망각했습니다. 요나는 신앙이 좋은 사람이었습니다. 하나님에 대한 믿음이 있었고, 하나님이 어떤 분이신지 잘 알고 있었습니다. 그리고 하나님을 경외할 줄도 아는 사람이었습니다. 이 사실을 어떻게 알 수 있을까요?

> "그가 대답하되 나는 히브리 사람이요 바다와 육지를 지으신 하늘의 하나님 여호와를 경외하는 자로라 하고"(욘 1:9).

그는 사람들에게 자신의 정체를 밝힐 때 "하늘과 땅을 만드신 창조주 하나님을 믿는 자, 그 하나님을 경외하는 자"라고 이야기합니다. 그는 본래 그런 믿음을 갖고 있었습니다. 그러나 하나님 때문에 자신이 존재한다는 사실은 놓쳤습니다. '하나님은 창조주이시고 나는 피조물'이라는 사실을 잊고 있었던 것입니다. 그러자 하나님을 위해서 자신이 존재한다는 가장 기초적인 명제에 실패하게 되었습니다. 내가 하나님의 뜻대로 움직이는 것이 아니라, 나를 위해서 하나님이 움직여야 된다는 내 생각, 내 주장, 내 야망이 앞서고 말았습니다. 그에게는 아직 코페르니쿠스(Copernicus)적 사고의 전환, 즉 180도의 인생 전환(paradigm shift)이 일어나지 않았습니다. 그래서 믿기는 믿는데 하나님의 뜻에 순종할 수가 없었던 것입니다.

우리도 그렇지 않습니까? 믿기는 믿습니다. 주일날 예배에 참석합니다. 기도도 합니다. 그런데 하나님이 기뻐하시는 뜻보다 내가 기뻐하는 뜻만을 생각합니다. 내가 원하는 것을 위해 하나님이 존재해야 된다고 생각합니다.

둘째, 그는 내면의 투쟁에서 실패했습니다. 그는 하나님의 사람이었습니다. 그는 자신이 해야 할 일이 무엇인지도 어렴풋이 알고 있었습니다. 하지만 그 일이 정말 자신의 일인지에 대한 확신이 없었습니다.

우리에게는 순응해야 하는 현실이 있고, 반면에 극복해야 하는 현실이 있습니다. 순응해야 하는 하나님의 말씀과 극복해야 하는 나의 고정관념이 우리 안에서 부딪힙니다. 진정으로 하나님의 말씀 앞에 순종하게 되면 현실의 문제도 이겨 나갈 수 있다는 사실을 우리는 종종 잊습니다. 현실의 문제를 극복해야 하나님을 믿을 수 있다고 거꾸로 생각합니다. 하나님은 우리가 하나님께 먼저 순종하는 법을 배우면 현실의 문제도 이겨 나갈 수 있다는 것을 끊임없이 가르쳐 주십니다. 믿음의 선배들이 배웠던 것이 바로 그것입니다. 그런데 요나는 이것에 실패하고 있습니다.

우리가 세상에 나가서 그리스도인으로서의 사명을 이루려면, 밖에서 전투하기 전에 먼저 내면의 세계에서 전투가 일어나야 합니다. 이것은 '하나님의 말씀에 순종할 것인가? 아니면 내 욕심을 먼저 채울 것인가?'에 대한 치열한 전투입니다. 이 내면의 전투에서 실패하면 바깥세상에서 그리스도인답게 살 수 없습니다. 목사든 장로든 권사든 집사든 혹은 교회에서 직분을 맡지 않았든 똑같습니다. 하나님의 사람으로, 말씀의 사람으로 내면의 세계에서 일어나는 충돌을 극복해 나가야 합니다.

그런데 요나는 그 내면의 투쟁에 힘쓰지 않았습니다. 하나님이 두려운 분인 줄 알고, 그분을 경외하는 믿음도 있었지만 내면의 전투를 벌이기가 겁났습니다. 그래서 도망쳤던 것입니다.

"자기가 여호와의 얼굴을 피함인 줄을 그들에게 말하였으므로"(욘 1:10).

셋째, 그는 자신의 삶이 다른 사람의 삶과 맞물려 있다는 사실을 깨닫지 못했습니다. 나의 기쁨이 다른 사람의 기쁨이 되고, 나의 슬픔이 다른 사람의 아픔이 됩니다. 이것이 더불어 사는 인생의 공동체 의식입니다. 하지만 그는 자신이 이웃의 축복이 될 수도 있고 저주가 될 수도 있다는 사실을 알지 못했습니다.

그리스도인, 신앙인, 영적 지도자인 경우, 이웃에 미치는 영향력이 더욱 큽니다. 아버지입니까? 내가 어떤 아버지인가가 가정의 분위기를 결정합니다. 좋은 아버지면 그 가정에 웃음이 있지만, 나쁜 아버지면 가정이 힘들어집니다. 직장의 CEO입니까? 어떤 CEO인가에 따라서 회사가 복을 받을 수도 있고 반대로 망할 수도 있습니다. 지도자가 누구냐에 따라서 그 공동체가 복을 받을 수도 있고 몰락할 수도 있습니다. 요나 한 사람 때문에 배 전체가 물속에 가라앉을 위험에 처하게 되지 않았습니까?

> 세상 사람들의 물음에
> 답할 수 있는
> 그리스도인이 되어야 합니다

우리의 삶은 굉장히 중요한 것입니다. 나만의 삶이 아닙니다. 요나도 미처 몰랐던 그 사실을 새롭게 깨닫기 시작합니다. '내가 하나님을 위해서 살지 않았구나. 내가 내면의 투쟁에 소홀했구나. 내가 하는 말과 행동에 따라 공동체가 살아나기도 하고 죽기도 하는구나.'

우리 그리스도인들은 세상 사람들로부터 질문을 받

습니다. "당신은 도대체 누굽니까? 당신이 하는 일은 무엇입니까? 당신은 왜 여기에 있습니까?" 이때 우리는 대답해야 합니다. 나는 하나님을 믿는 사람이고, 나는 이 믿음 때문에 내 실존을 걸고 투쟁해 왔으며, 사랑 많으신 하나님의 추적으로 주님 앞에 새롭게 변화되었다고 말입니다. 그러한 고백 속에서 우리를 통한 축복의 역사가 생깁니다. 우리 모두가 주님이 주신 이 놀라운 축복을 경험하면서 세상을 향해 담대히 나아가는 주님의 자녀들이 되기를 바랍니다.

> 나의 기쁨이 다른 사람의 기쁨이 되고,
> 나의 슬픔이 다른 사람의 아픔이 됩니다.
> 이것이 더불어 사는 인생의 공동체 의식입니다.

> 주님 앞에
> 회개하면서 돌아오는 것은
> 하나님의 위대하심 속에
> 나를 맡기는 것입니다.

3

우리는 받은 은혜를
쉽게 잊는 죄인입니다

사랑은
언제나
옳다

 욘 1:11~16

바다가 점점 흉용한지라 무리가 그에게 이르되 우리가 너를 어떻게 하여야 바다가 우리를 위하여 잔잔하겠느냐 하니 그가 대답하되 나를 들어 바다에 던지라 그리하면 바다가 너희를 위하여 잔잔하리라 너희가 이 큰 폭풍을 만난 것이 나 때문인 줄을 내가 아노라 하니라 그러나 그 사람들이 힘써 노를 저어 배를 육지로 돌리고자 하다가 바다가 그들을 향하여 점점 더 흉용하므로 능히 못한지라 무리가 여호와께 부르짖어 이르되 여호와여 구하고 구하오니 이 사람의 생명 때문에 우리를 멸망시키지 마옵소서 무죄한 피를 우리에게 돌리지 마옵소서 주 여호와께서는 주의 뜻대로 행하심이니이다 하고 요나를 들어 바다에 던지매 바다가 뛰노는 것이 곧 그친지라 그 사람들이 여호와를 크게 두려워하여 여호와께 제물을 드리고 서원을 하였더라

> 잘못을 아는 것만으로는
> 아무것도 바꿀 수
> 없습니다

요나는 처음부터 끝까지 하나님께 저항했습니다. 그는 하나님의 사람이었고 예언자였음에도 불구하고 자신의 뜻대로 하나님이 움직여 주시기를 바랐습니다.

요나는 자신 때문에 위기가 일어났다는 사실을 알고 있었습니다. 그래서 그는 서슴없이 큰 폭풍이 일어난 것은 "나 때문이다"라고 선언합니다.

> "너희가 이 큰 폭풍을 만난 것이 나 때문인 줄을 내가 아노라 하니라"(욘 1:12).

"나 때문"이라는 말의 뜻은 무엇일까요? 언뜻 보면 회개의 모습처럼 보입니다. 그런데 이 말은 자기 잘못을 무마하려는 말 같습니다. 일종의 도덕적 편의주의에서 나온 말입니다. 진실이나 옳고 그름을 정확하게 밝히지 않고, 모든 것을 침묵시키는 위험이 이 말 속에 들어 있습니다. 그래서 우리는 이 본문을 조금 더 깊이 살펴볼 필요가 있습니다.

요나는 회개하는 통절한 마음으로 이 모든 일의 원인을 "나 때문"이라고 말하는 것일까요? 성경을 잘 읽어 보면, 그가 전혀 회개하지 않았다는 것을 알 수 있습니다. 그는 자신에게 문제가 있다는 것은 알고 있었습니다. 그러나 회개하는 마음으로 "나 때문"이라고 말한 것은 아니었습니다.

배경을 다시 한 번 생각해 봅시다. 하나님은 요나에게 니느웨로 가서 하나님의 말씀을 증거하라고 하셨습니다. 그런데 요나는 이 명령 자체가 싫었습니다. 이스라엘의 적대국인 니느웨의 백성이 하나님의 말씀을 듣고 회개하게 되는 것을 받아들일 수 없었습니다. 적국의 백성은 멸망해야 마땅한데, 그들이 구원받는 것을 도무지 용납할 수 없었던 것입니다. 그래서 요나는 니느웨의 반대 방향인 다시스로 도망가기로 결정합니다. 하나님은 이 요나를 추적하셨습니다. 그리고 요나를 흔드셨습니다. "요나야, 어디에 있니? 왜 그렇게 꼭꼭 숨었니? 내 앞에 나와 봐라. 나와 이야기를 하자."

> 하나님의 뜻을 알면서
> 거부하는 마음은
> 은혜를 잊었기 때문입니다

요나 때문에 결국 한 배에 탄 다른 사람들까지 죽게 될 위험에 처합니다. 그런데 이때 요나와 배에 탄 다른 사람들 중 누가 더 신앙적입니까? 성경을 읽어 보면 요나에게는 신앙이 없는 듯하고, 오히려 배에 탄 이방인들에게 더 큰 신앙이 있었다는 사실이 명백하게 드러납니다. 요나는 위기 속에서도 하나님을 일부러 외면합니다. 하나님의 이름을 부르지 않습니다. 자신 때문에 일어난 일임을 알고 있었기 때문입니다. 그러자 위기를 해결하기 위해 뱃사람들이 주도권을 잡습니다. 그리고 요나에게 물어봅니다.

> "바다가 점점 흉용한지라 무리가 그에게 이르되 우리가 너를 어떻게 하여야 바다가 우리를 위하여 잔잔하겠느냐 하니"(욘 1:11).

위기를 해결하기 위해 애쓴 것은 요나가 아니었습

니다. 요나는 마치 무능력한 사람처럼 아무것도 하지 않고 침묵합니다. 위기 앞에서 요나가 취할 수 있는 방법은 두 가지였습니다. 첫째, 자신 때문에 폭풍을 만난 것이니 스스로 몸을 바다에 던지거나 둘째, 다시스로 도망가려는 것이 잘못된 것이니 다시 육지로 가서 니느웨로 향할 것을 결정하는 것입니다. 그런데 요나는 그렇게 대응하지 않습니다.

"그가 대답하되 나를 들어 바다에 던지라 그리하면 바다가 너희를 위하여 잔잔하리라"(욘 1:12).

요나는 스스로 바다에 빠지지 않고 남에게 자신을 던지라고 말합니다. 문제 해결의 책임을 남에게 전가하는 괘씸한 모습입니다. 자신의 잘못으로 인해 벌어진 일이므로 직접 문제를 해결해야 하는데, 그는 다른 사람들이 그 일을 하도록 유도하고 있습니다.

또 그는 이렇게 말합니다. "바다가 너희를 위하여 잔잔하리라." 이것은 하나님의 이름을 대기 싫어한 요나의 모습이기도 합니다. "나를 바다에 던지면 하나님이 바다를 잔잔하게 하실 것이다. 폭풍을 멈춰 주실 것이다." 그는 하나님을 주어로 사용하여 이렇게 말했어야 합니다. 하지만 그 대신 바다가 <u>스스로</u> 잔잔하게 될 것이라고 말하면서 하나님이 이 일의 주체이신 것을 고백하지 않았습니다.

그의 말 안에는 그가 가지고 있는 하나님에 대한 불만이 있습니다. 요나는 하나님께 이렇게 항의하는 것 같습니다. "하나님, 어디 한번 나 죽여 보세요. 나는 당신 뜻에 순종할 수가 없어요. 하나님 마음대로 해 보세요. 내가 그것을 마지막까지 볼 거예요." 요나의 마음은 완악해졌습니다. 목이 곧아졌습니다. 하나님을 알면서도 하나님을 거부합니다. 하나님의 뜻을 알지만, 순종하지 않겠다는 결정입니다.

> 영혼의 기쁨이 사라진 자리에
> 하나님에 대한
> 원망이 싹틉니다

요나와 한 배에 탄 사람들은 하나님이 두려웠습니다.

그들은 자신을 바다에 던지라는 요나의 말을 듣고도 요나를 바다에 던지면 하나님이 더 크게 화를 내실까 봐 주저합니다. 배를 살리되 하나님의 화는 피하고 싶었던 그들은 결국 다시 육지로 가기로 결정합니다. 요나가 말한 것과는 다른 방법이었습니다.

> "그러나 그 사람들이 힘써 노를 저어 배를 육지로 돌리고자 하다가 바다가 그들을 향하여 점점 더 흉용하므로 능히 못한지라"(욘 1:13).

요나는 뱃사람들의 이런 노력조차 무시하고 모른 체하고 있었습니다. 손 하나 까딱하려 하지 않았습니다. 하나님에 대한 앙금이 마음에 남아 있었기 때문입니다.

요나의 이 모습은 신앙생활을 오래 한 사람들이 갖는 특성 중에 하나입니다. 예수님을 믿는데도 마음속에 하나님에 대한 원망이 있습니다. '내가 예수님을 잘 믿었습니다. 교회도 빠지지 않았고 예배도 열심히 드렸습니다. 헌금도 잘 바쳤습니다. 그런데 내 인생이 왜 이렇습니까? 내 자녀들을 왜 이렇게 만드셨습니까? 사업은 왜 어렵게 하셨습니까?' 이런 마음을 품고 있으니 예수님을 믿으면서도, 기도를 하면서도 얼굴이 밝지 않습니다. 마음이 늘 억눌려 있습니다. 내 뜻대로 행하지 않으신 하나님을 향한 원망이 마음속에 있는 것입니다.

예수님을 오래 믿은 사람들 중 얼굴이 어두운 사람들에게서 이런 마음을 발견하게 됩니다. "하나님은 자기 마음대로 하셨어요. 내가 이 길로 가자고 하는데도 하나님이 다른 길로 이끄셨어요. 하나님은 내가 원하는 것을 주지 않으셨어요. 오히려 어려움을 주셨지요. 나는 하나님이 두렵습니다. 하나님을 섬기고 하나님을 사랑하기도 하지만, 하나님을 향한 마음을 활짝 열지 못하겠어요. 내 안에는 하나님에 대한 분노가 있어요."

신앙생활을 오래 한 사람들 중에 영혼의 기쁨이 사라진 이들에게는 요나와 같은 하나님에 대한 저항의식이 있습니다. 그런 사람들의 마음에는 자신을 하나님께 온전히 드리지 못한 것에 대한 두려움과 하나님을 향한 분노가 계속 부딪히고 있습니다.

위기 앞에서도
하나님의 뜻이 이루어지기를
기도해야 합니다

요나는 위기 속에서 아무것도 하지 않았습니다. 도리어 위기 속에서 기도한 사람은 이방인들이었습니다. 그들이 드린 기도는 아주 귀중한 기도였습니다.

"무리가 여호와께 부르짖어 이르되 여호와여 구하고 구하오니 이 사람의 생명 때문에 우리를 멸망시키지 마옵소서 무죄한 피를 우리에게 돌리지 마옵소서 주 여호와께서는 주의 뜻대로 행하심이니이다 하고"(욘 1:14).

참으로 깊이 있는 신앙의 기도가 아닙니까?
첫째, 그들은 하나님의 이름을 부릅니다. 하나님의 이름을 부르지 않은 요나의 모습과 상반됩니다. 영어성경(NIV)을 보면, 'cried to'라고 표현되어 있습니다. 부르짖었다는 것입니다. 본래 이들은 각자 자신들이 믿던 신에게 기도하기로 이야기했던 사람들입니다.

"너는 너의 신앙을 가지고 너의 신에게 기도하라. 이 위기를 벗어나기 위해 각자 신에게 기도하라." 그러나 이제는 하나가 되었습니다. 여호와가 여기까지 요나를 추적하여 큰 폭풍을 일으키셨다는 사실을 알았기 때문입니다. 그래서 여호와께 간절히 기도하기 시작한 것입니다. "여호와여 구하고 구하오니"라고 기도하는 모습이 놀랍지 않습니까?

예부터 '전쟁터에는 무신론자가 없다'는 말이 있습니다. 아무리 신이 없다고 큰소리치는 사람도 생명의 위협을 느끼면 기도가 나오기 시작한다는 뜻입니다. 그런데 놀랍게도 요나는 위기 속에서도 기도하지 않습니다. 하나님이 뱃사람들을 통해서 기도하지 않는 요나에게 경고하시는 것처럼 느껴질 정도입니다. "요나야, 너는 이 순간에도 기도하지 않느냐? 도대체 무슨 배짱이냐? 너는 도대체 왜 내게 네 모습을 그대로 말하지 않느냐?"

둘째, 뱃사람들의 기도는 하나님의 정의를 요청하는 기도였습니다. "요나 한 사람 때문에 우리를 멸망시키지 마십시오. 무죄한 피를 우리에게 돌리지 마십시오. 하나님은 정의의 하나님 아니십니까? 왜 저 사람의 죄 때문에 우리까지 멸망당해야 됩니까? 하나님의 공의와 정의를 보여 주십시오." 그리고 이런 간구를 마지막으로 덧붙이고 있습니다. "하나님, 주 여호와께서는 주의 뜻대로 행하심이니이다." 하나님은 하나님의 뜻대로 이루시는 분임을 알기에 하나님의 뜻에 맡긴다는 것입니다.

예수님이 우리에게 기도를 가르치실 때 말씀하신 것이 바로 이것입니다. "뜻이 하늘에서 이루어진 것 같이 땅에서도 이루어지이다"(마 6:10). 하나님의 뜻이 이루어지기를 원하는 것이 기도임을 가르쳐 주셨습니다. 실제로 예수님은 겟세마네 동산에서 고통 속에서 기도하실 때 "나의 원대로 마시옵고 아버지의 원대로 하옵소서"(마 26:39)라고 기도하셨습니다.

뱃사람들은 기도를 마치고는 요나의 말대로 요나를 들어서 바다에 던져 버렸습니다.

"요나를 들어 바다에 던지매 바다가 뛰노는 것이 곧 그친지라"(욘 1:15).

요나를 바다에 던지자 바다가 잔잔해지는 것을 보면서 그들은 하나님께 감사의 예물을 드렸습니다.

> "그 사람들이 여호와를 크게 두려워하여 여호와께 제물을 드리고 서원을 하였더라"(욘 1:16).

신앙생활을 오래 해도 하나님의 살아 계심을 잘 믿지 못하는 사람이 있습니다. 왜 그럴까요? 말씀은 읽지만, 기도를 하지 않기 때문입니다. 자신의 문제를 두고 이 뱃사람들처럼 기도를 안 하기 때문입니다. "하나님, 제게 이런 문제가 있습니다. 이런 고통과 아픔이 있습니다. 제가 한계에 부딪혔습니다." 이렇게 하나님께 자신의 문제를 토해 내면서 하나님의 말씀을 받아야 하나님이 살아 계시고 그분이 나와 함께하신다는 것을 깨닫게 됩니다. 아무리 10년, 20년, 30년 교회생활을 해도 실존을 건 기도가 없으면 하나님의 살아 계심을 경험할 수가 없습니다. 기도가 없으면, 하나님은 그저 먼 곳에 계시고 나와는 상관이 없는 분일 뿐입니다.

회개하지 않으면

기쁨과 감사를

경험할 수 없습니다

감사의 예물을 드리는 사람들은 어떤 사람들일까요? 인생의 한계와 마지막을 아는 사람들이 감사할 줄 압니다. 내 것이라고 여겼던 것들이 아무것도 남김없이 사라질 수 있다는 사실을 깨달은 사람들이 감사할 줄 압니다. 많이 가진 사람들이 감사하는 것이 아닙니다. 내가 가진 것, 생명조차도 결코 내 것이 아님을 깨달은 사람에게서 감사가 나옵니다. 그리고 이런 사람들은 하나님께 감사의 예물을 올리면서, 더욱 하나님을 알고 사랑하겠다고 서원합니다.

인간은 왜 바닥까지 내려가야 돌아설까요? 그 전에는 정녕 하나님을 찾을 수 없는 것일까요? 왜 인간은 망가지고 나서야 예수님을 바라볼까요? 인생의 바닥을 치기 전에 하나님을 사랑한다고 고백할 수는 없는 것일까요? 인생의 폭풍을 만나기 전에 자신을 돌아보고 회개하면서 주님 앞에 돌아올 수는 없는 것일까요? 그 전에 돌아오는 사람이 지혜자이고, 하나님이 초청하신 자리에서 영원한 기쁨을 누리는 사람입니다.

우리 중에는 입술로는 회개하지만, 속으로는 하나님께 화가 나 있고 앙심을 품은 사람들이 의외로 많습니다. 신앙생활을 오래 한 사람들일수록, 때로는 직분자일수록 하나님을 두려워합니다. 그런 사람들일수록 하나님께 예배드릴 줄도 알고 헌금도 자주합니다. 그런데 그 속에는 분노가 있습니다. 왜 그럴까요? 후회는 하지만, 정작 회개는 하지 않기 때문입니다.

> "명철한 자의 입술에는 지혜가 있어도 지혜 없는 자의 등을 위하여는 채찍이 있느니라"(잠 10:13).

회개하지 않으면, 우리에게 주어진 삶이 축복인 줄 잘 모릅니다. 후회와 회개는 비슷한 것 같지만 매우 다릅니다. 후회는 과거의 잘못을 지적하며 스스로 다짐하는 것입니다. 그러나 회개는 하나님 앞에서 하는 것입니다. 하나님 앞에서 자신의 모든 것을 토해 내는 것입니다. 그래서 후회는 과거 지향적이고, 과거에 집착하지만, 회개는 미래 지향적이며, 하나님이 열어 놓으신 새 세계를 기대하게 합니다. 따라서 후회하는 사람의 마음은 우울하고 어둡지만, 회개하는 사람의 마음은 하늘로부터 온 용서로 기쁨을 누립니다.

  실수하는 것보다 더 나쁜 것은 회개하지 않는 것입니다. 가룟 유다는 예수님을 팔아넘긴 후 다시금 제사장에게 가서 받은 은화를 던지며 이렇게 말했습니다.

"내가 무죄한 피를 팔고 죄를 범하였도다"(마 27:4).

회개처럼 보이지만, 이것은 후회였습니다. 넋두리였습니다. 하나님 앞에서 자신의 모든 것들을 토해 내고 "제가 나쁜 놈입니다. 제가 악한 짓을 했습니다. 제가 주님 앞에 나와서 하늘의 용서를 받겠습니다"라고 하지 않았습니다. 그저 자신이 한 일에 대해 화를 내면서 인생을 끝마쳤습니다.

마지막이 이르기 전에 회개해야 합니다

우리는 우리 삶의 족적을 압니다. 내가 어떤 사람이었는지, 내가 어떤 실수를 했는지, 내가 어느 때에 넘어졌는지 압니다. 그런데 그럼에도 불구하고 하나님께서 나를 여기까지 인도하셨습니다. 우리가 지금 갖고 있는 마음속 폭풍은 무엇입니까? 파선할 것 같은 두려움과 아픔은 무엇입니까? 요나처럼 반응하지 마십시오. 하나님께 화를 내면서 하나님과 싸우지 마십시오. 반대로 하나님 앞에 엎드리십시오. "하나님, 제 모습을 제가 압니다. 제 부끄러운 모습을 주님 앞에 토해 냅니다. 아무것도 아닌 저를 여기까지 인도해 주셔서 감사드립니다." 무너지기 전에 주님 앞에 회개하면서 돌아오는 것, 바닥을 치기 전에 하나님의 위대하심 속에 나를 맡기는 것, 그것이 하나님의 역사가 시작되는 출발점입니다.

하나님께서 오늘도 우리를 불러 주십시오. 때로 우

리를 요나처럼 오르락내리락 하게 하신 것도 이제 그만 숨으라는 하나님의 뜻입니다. 내 모습을 있는 그대로 하나님 앞에 토해 내고 기도하라는 하나님의 부르심입니다. 우리와 함께하신다는 약속을 확인시키시는 하나님의 방법입니다. 하나님이 주신 이 약속을 확인하면서 주님과 함께 새로운 날을 열어 가는 주님의 자녀들이 되기를 바랍니다.

"
무너지기 전에
주님 앞에 회개하면서 돌아오는 것,
바닥을 치기 전에
하나님의 위대하심 속에 나를 맡기는 것,
그것이 하나님의 역사가 시작되는
출발점입니다.
"

"
자신을
하나님 앞에서 포기하고
항복한 사람만이
진정한 기도를 할 수 있습니다.
"

고난은 믿음을 비추는
거울입니다

사랑은
언제나
옳다

 욘 1:17~2:4

여호와께서 이미 큰 물고기를 예비하사 요나를 삼키게 하셨으므로 요나가 밤낮 삼 일을 물고기 뱃속에 있으니라 요나가 물고기 뱃속에서 그의 하나님 여호와께 기도하여 이르되 내가 받는 고난으로 말미암아 여호와께 불러 아뢰었더니 주께서 내게 대답하셨고 내가 스올의 뱃속에서 부르짖었더니 주께서 내 음성을 들으셨나이다 주께서 나를 깊음 속 바다 가운데에 던지셨으므로 큰 물이 나를 둘렀고 주의 파도와 큰 물결이 다 내 위에 넘쳤나이다 내가 말하기를 내가 주의 목전에서 쫓겨났을지라도 다시 주의 성전을 바라보겠다 하였나이다

기회가 왔을 때 놓치지 말아야 합니다

하나님은 요나를 돌이키기 위해서 요나에게 여러 번의 기회를 주셨습니다.

첫 번째, "네가 내 메신저가 되어라. 니느웨에 가서 내 말을 증거하고 저들도 회개하면 하나님의 구원을 받을 수 있다고 선포해라"라고 요청하셨습니다. 그러나 요나는 거절했습니다. "나는 유대 사람입니다. 이방인들까지 구원하시려는 하나님의 마음이 싫습니다. 하나님은 너무 자비롭고 착하십니다. 하나님, 그렇게 하시면 안 됩니다."

두 번째, 폭풍을 만나 생명의 위협을 느낀 이방 뱃사람들이 각각 자신들의 신에게 기도할 때, 하나님은 요나에게도 기도하며 회개할 수 있는 시간을 주셨습니다. 요나서 1장 6절을 보면, 선장이 요나에게 이렇게 말합니다.

"자는 자여 어찌함이냐 일어나서 네 하나님께 구하라 혹시 하나님이 우리를 생각하사 망하지 아니하게 하시리라"(욘 1:6).

선장이 요나에게 기도를 요청했지만, 요나는 기도하지 않았습니다. 그는 폭풍 속에서 배가 깨지게 되는 것을 그저 지켜보고만 있었습니다. '될 대로 되라'는 마음이었습니다.

세 번째, 요나는 이 재앙이 자신 때문에 온 것을 알았습니다. 그렇다면 배를 돌리는 등의 결단을 해야 합니다. 하지만 그는 자신의 생명과 운명을 뱃사람들에게 맡겨 버렸습니다. 스스로 판단하고 결정하는 모습도, 용기도 보이지 않았습니다.

> 하나님은 우리를 향한
> 사랑의 끈을 놓지
> 않으십니다

하나님은 드디어 마지막 기회를 주십니다. 요나가 폭

풍우가 치는 바다에 던져집니다. 그대로 두면 끝장날 수밖에 없습니다. 그런데 하나님이 요나를 향한 사랑의 끈을 놓지 않으십니다.

> "여호와께서 이미 큰 물고기를 예비하사 요나를 삼키게 하셨으므로 요나가 밤낮 삼 일을 물고기 뱃속에 있으니라"(욘 1:17).

"여호와께서 이미 큰 물고기를 예비하사"라고 기록되어 있습니다. 하나님이 미리 준비하셨다는 뜻입니다. 요나는 자기 마음대로 도망가고 있다고 여겼지만, 하나님이 계속 요나를 추적하고 계셨습니다. 하나님은 하나님의 뜻을 거스르는 요나를 막다른 골목으로 몰아가시면서 결국 요나가 다시 돌이키기를 원하셨던 것입니다. 무엇보다도 요나가 당한 모든 일의 주체와 주인이 하나님이심을 성경은 전하고 있습니다. 행위의 주체가 하나님이심을 생각하며 요나서를 읽으면, 하나님이 얼마나 요나를 움직이게 하려고 하셨는지 쉽게 알 수 있습니다.

"여호와께서 큰 바람을 바다 위에 내리시매"(욘 1:4).

"여호와께서 이미 큰 물고기를 예비하사 요나를 삼키게 하셨으므로"(욘 1:17).

"여호와께서 그 물고기에게 말씀하시매 요나를 육지에 토하니라"(욘 2:10).

"하나님 여호와께서 박넝쿨을 예비하사 요나를 가리게 하셨으니"(욘 4:6).

"하나님이 벌레를 예비하사"(욘 4:7).

"해가 뜰 때에 하나님이 뜨거운 동풍을 예비하셨고"(욘 4:8).

요나를 하나님의 예언자로 사용하시기 위해서 하나님이 얼마나 정성을 기울이고 계신지를 보여 주는 내용입니다.

하나님은 요나에게 하나님의 섭리를 보여 주고자 하

셨습니다. "요나야, 내가 너희만 사랑하는 것이 아니라 모든 백성을 사랑한단다." 하나님의 사랑과 긍휼과 자비가 얼마나 위대한지 보여 주기를 원하셨습니다. 그런데 요나는 계속 도망가기만 했습니다.

> 하나님이 다 준비하시지만
> 결정은 우리가
> 해야 합니다

성경은 요나가 '물고기 뱃속에 들어갔다'고 기록합니다. 이 "물고기 뱃속"이란 그의 인생의 무덤이 될 수도 있고, 아니면 생명을 잉태하는 자궁이 될 수도 있습니다. 이 두 가지 가능성이 모두 열린 자리입니다. 요나서 2장 2절에 나타나는 "스올의 뱃속"이라는 말 자체가 그렇습니다. "스올"이란 때때로 지옥으로도 표현되지만, '무덤'이라는 뜻입니다. 또 "뱃속"은 어머니의 자궁을 뜻합니다. 다시 말하면, 이 큰 물고기의 뱃속이 두 가지의 가능성, 두 가지의 현실성을 내포하고 있는 것입니다. 거기서 죽으면 그곳은 무덤이 되지만, 그곳을 탈출하면 그곳은 생명을 낳는 자궁이 됩니다. 고난 속에서 무르익어 열매가 되는 경험을 하는 자리가 바로 스올의 뱃속입니다.

요나는 이 스올의 뱃속에서 3일을 보냅니다. 그곳은 하나님이 주시는 마지막 기회를 만나는 장소였습니다. 그리고 그 3일은 생명과 죽음을 가늠하는 시간이었습니다. 어둠의 시간이었고, 기다림과 고통의 시간이었으며, 죽음을 맛보는 시간이기도 했습니다. 더 이상 새로운 것이 보이지 않고, 모든 가능성을 포기하고 싶은 시간이었습니다. 하나님은 바로 이 시간 속에서 요나에게 기회를 주십니다. "네가 이 스올의 뱃속을 무덤으로 만들 것이냐? 네 인생의 종착역으로 만들 것이냐? 아니면 네 인생의 새로운 기회가 싹트고, 새롭게 도전하는 자리로 만들 것이냐?"

두 가지 가능성 중 하나를 결정하는 것은 요나의 몫입니다. 전적으로 요나에게 달려 있습니다. 하나님은 다 준비하셔도 마지막은 우리에게 맡기십니다. "네가 결단해야 한다. 네가 그곳을 이겨 나갈지 아니면 그곳에서 주저할지….” 하나님이 아무리 도와주셔도 마지막은 나, 바로 우리의 선택에 달려 있습니다.

인생의 마지막을 경험할 때
진정한 기도가
시작됩니다

스올의 뱃속을 무덤이 아닌 생명을 품은 어머니의 자궁으로 바꾸기 위해 요나가 할 수 있는 일은 무엇이었을까요? 기도였습니다.

> "요나가 물고기 뱃속에서 그의 하나님 여호와께 기도하여" (욘 2:1).

요나는 물고기 뱃속에서 여호와 하나님께 기도하기 시작했습니다. 우리는 어느 때에 기도합니까? 현실을 뛰어넘겠다는 용기가 있을 때, 현실을 박차고 일어나고 싶을 때, 현실보다 더 큰 하나님의 세계에 들어가고 싶은 기대와 희망이 있을 때 기도하기 시작합니다. 현실에 안주하겠다고 마음먹었을 때는 기도할 수 없습니다. 또 어떤 사람이 기도할까요? 자신을 하나님 앞에서 포기한 사람이 기도할 수 있습니다. 하나님 앞에 항복하는 것입니다. "저는 끝입니다. 제 인생은 더 이상 가능성이 없습니다. 이제 하나님만을 의지합니다. 하나님, 저를 도와주세요." 인생의 마지막을 경험해 봐야 영혼의 깊은 곳에서부터 기도가 쏟아지기 시작합니다.

요나는 이 위기가 자신 때문에 생긴 것을 알고 있었습니다. 하나님이 자신을 몰아가신 것을 압니다. 이것이 마지막 기회라는 것, 이제 한계 상황에 도달했다는 것을 절감합니다. 그래서 물고기 뱃속을 인생의 종착점으로 만드느냐, 아니면 새로운 생명의 자리로 바꾸느냐를 결정하기 위해 기도하며 자신의 모습을 하나님의 눈으로 보기 시작합니다.

> "주께서 나를 깊음 속 바다 가운데에 던지셨으므로 큰 물이 나를 둘렀고 주의 파도와 큰 물결이 다 내 위에 넘쳤나이다"(욘 2:3).

자신이 죽을 수도 있다는 것을 알기에 간절한 마음으로 간구하기 시작합니다.

> "이르되 내가 받는 고난으로 말미암아 여호와께 불러 아뢰었더니 주께서 내게 대답하셨고 내가 스올의 뱃속에서 부르짖었더니 주께서 내 음성을 들으셨나이다"(욘 2:2).

요나는 가장 깊은 죽음의 현장에서 생명의 하나님을 발견하고 하나님의 이름을 불렀습니다. 자신의 삶 전체를 걸고 하나님을 향해 외친 것입니다.

또한 2절에는 매우 중요한 변화가 나타납니다. 아쉽게도 한국어 성경에는 차이가 드러나지 않지만, 영어 성경에는 하나님에 대한 표현이 달라졌음이 분명하게 나타납니다. "주께서 내게 대답하셨고"와 "주께서 내 음성을 들으셨나이다"의 "주께서"가 3인칭에서 2인칭으로 바뀐 것입니다. 무슨 뜻입니까? 처음에는 3인칭의 하나님이셨다가 스올의 뱃속에 들어가는 아픔을 경험하면서 하나님이 2인칭으로 요나에게 다가온 것입니다.

하나님을 3인칭에 머물게 하는 기도는 아직 성숙하지 않은 기도입니다. 내 아버지의 하나님, 내 어머니의 하나님, 내 아내의 하나님, 내 남편의 하나님이 그렇습니다. 그런데 요나는 달라졌습니다. 드디어 2인칭이신 하나님께 물으며 기도하기 시작합니다. "당신은 어떤 분입니까? 내가 어떻게 해야 합니까? 당신은 도대체 누구십니까? 나는 누구입니까? 내가 무엇을 해야 이 위기를 벗어날 수 있습니까?"

우리의 기도는 어떻습니까? 늘 어머니의 기도, 아버지의 기도에 머물러 있지는 않습니까? 내가 하나님을 2인칭으로 부르면서, 내 영혼이 스올의 뱃속에 있는 것을 고백하며 나가야 합니다.

기도는
고난을 이기고,
하나님의 뜻을 깨닫게 합니다

예수님을 믿는다는 것이 무엇일까요? 예수님을 믿든

안 믿든 고난이 다가오면 누구나 겁쟁이가 됩니다. 때로는 고난을 이겨 내기 위해 노력하는 것이 싫습니다. 도전하고 시도하기도 전에 안 될 거라며 포기합니다. 때로는 숨어 버리고, 스스로를 '실패자'라고 규정해 버립니다. 신앙인도 고난이 다가오면 크게 다르지 않습니다.

그러나 참된 신앙인은 여기에 머물지 않고 다음 단계로 나아갑니다. 바로 기도입니다. 하나님을 향해서 기도합니다. 내가 여기에 왜 있는지, 내가 누구인지, 내 주위에 어떤 어려움이 있는지 돌아보기 시작합니다. 그때 하나님은 3인칭의 하나님에서 2인칭의 하나님으로 다가오십니다. 그리고 우리는 하나님이 내 옆에서 나를 지켜보고 계셨다는 사실을 깨닫게 됩니다. 그 하나님의 손길을 경험하면서 드리는 기도가 진정한 기도입니다. 고난의 순간에도 하나님이 나를 지켜 보고 계셨다는 사실을 깨닫게 되면, 그 모든 것이 하나님의 은혜의 사건으로 변하게 됩니다.

시편 119편에서 시인은 이렇게 고백합니다.

"고난 당하기 전에는 내가 그릇 행하였더니 이제는 주의 말씀을 지키나이다"(시 119:67).

고난을 당하지 않았을 때는, 잘나갈 때는 자기 자랑에 빠지고 오만불손했는데, 고난을 당하고 나니 내 인생이 내 것이 아니라 하나님의 선물이라는 것을 깨닫습니다. 그래서 하나님 말씀에 순종하기를 원하는 믿음의 사람이 되었다는 것입니다.

사도 바울은 로마서 5장에서 이렇게 이야기합니다.

"다만 이뿐 아니라 우리가 환난 중에도 즐거워하나니 이는 환난은 인내를, 인내는 연단을, 연단은 소망을 이루는 줄 앎이로다"(롬 5:3-4).

환난 중에도 즐거워하는 것은, 이것이 내게 소망을 가져다주는 하나님의 역사임을 알기 때문이라는 것입니다. 그래서 환난 속에서도 과감히 즐거워하겠다고 다짐하고 선언할 수 있습니다.

기도로
스올의 뱃속을
새 생명의 자리로 만듭시다

지나온 삶을 돌아보면, 스올의 뱃속과도 같은 어둠의 자리가 있었음을 압니다. 또한 시시각각 나를 찾아오는 춥고 시린 자리가 있습니다. 그런데 그것이 우리로 하여금 기도하게 합니다. 열심히 공부한 고등학교 3학년 학생이 원하던 대학에 떨어지면서 스올의 뱃속을 경험하게 됩니다. 잘나가던 직장인이 직장을 잃게 되면서 스올의 뱃속을 경험합니다. 건강에는 자신 있던 사람이 건강검진 결과 암 말기라는 진단을 받으면서 스올의 뱃속을 경험합니다. 사랑하던 사람이 사고로 곁을 떠나면서 스올의 뱃속을 경험합니다.

개인적인 문제뿐만이 아닙니다. 이 사회에는 크고 작은 사건들이 계속 일어나고 있습니다. 미움과 분노가 곳곳에 자리 잡고, 폭력이 난무하는 것을 보면서 우리 사회가 스올의 뱃속에 빠져 있는 것은 아닌가 하고 두려움을 느낄 때가 있습니다.

대한민국의 역사를 돌아보면, 우리는 스올의 뱃속처럼 무덤과도 같은 역사를 경험하면서 여기까지 왔습니다. 하지만 동시에 생명의 자궁과도 같은 축복의 역사도 함께 경험했습니다. 36년간의 일제 치하의 암흑시대, 6·25 전쟁의 아픔, 70년의 분단의 역사가 우리에게 있습니다. 그로 인해 지금도 우리 국민들이 고통을 당하고 있고, 북한에 있는 동포들은 신음하면서 하나님의 손길을 기다리고 있습니다.

스올의 뱃속처럼 어둠과 외로움이 있고, 인간의 존엄성이 파괴되는 고통 속에서 우리는 기도하지 않을 수 없습니다. "하나님, 스올의 뱃속에 있는 우리를 도와주소서. 이 자리가 생명의 자리로 변화되게 해 주소서"라고 개인의 삶과 대한민국이 처해 있는 자리에서 부르짖을 수밖에 없습니다.

스올의 뱃속과도 같은 삶의 자리는 개인에게도 있고, 가족에게도 있고, 직장에도 있고, 이 사회와 대한민국, 또 저 북한 땅에도 있습니다. 지금은 우리가 기도해야 할 때입니다. 이 스올의 뱃속을 무덤으로 만들려면 가만히 있으면 됩니다. 하지만 그것은 망하는 길입니다. 하나님이 우리를 이 스올의 뱃속에서 토해 내게 하시어 우리가 생명의 사람으로, 부활의 존재로 일어설 수 있게 기도해야 합니다. 아브라함의 하나님, 이삭의 하나님, 야곱의 하나님, 요나의 하나님, 우리의 주님이신 예수 그리스도의 하나님, 바로 그분께 기도할 때 스올의 뱃속과도 같은 이 암울한 시대를 이겨 나갈 수 있습니다.

"
절반의 회개는
우리의 기도와 노력을 멈추게 하고,
영혼의 눈물을 메마르게 합니다.
"

겉옷만 갈아입어서는
안 됩니다

사랑은 언제나 옳다

 욘 2:5~10

물이 나를 영혼까지 둘렀사오며 깊음이 나를 에워싸고 바다 풀이 내 머리를 감쌌나이다 내가 산의 뿌리까지 내려갔사오며 땅이 그 빗장으로 나를 오래도록 막았사오나 나의 하나님 여호와여 주께서 내 생명을 구덩이에서 건지셨나이다 내 영혼이 내 속에서 피곤할 때에 내가 여호와를 생각하였더니 내 기도가 주께 이르렀사오며 주의 성전에 미쳤나이다 거짓되고 헛된 것을 숭상하는 모든 자는 자기에게 베푸신 은혜를 버렸사오나 나는 감사하는 목소리로 주께 제사를 드리며 나의 서원을 주께 갚겠나이다 구원은 여호와께 속하였나이다 하니라 여호와께서 그 물고기에게 말씀하시매 요나를 육지에 토하니라

> 나에게 맞춰진 시선을
> 타인으로 향하는 것이
> 성숙입니다

2016년 한동안 매스컴 헤드라인을 장식한 사건이 있습니다. 바로 브렉시트(Brexit)입니다. 영국의 유럽연합 탈퇴 선언으로 세계 금융시장이 큰 충격에 빠졌다는 내용이었습니다. 국민투표 결과 52%가 탈퇴를 찬성한 것은 현재 영국이 당면한 정치, 경제, 사회, 문화적인 이유에 기인한 것으로 보입니다.

그런데 그 내면에는 민족주의, 국가주의가 깃든 '자국민 우선주의'가 깔려 있습니다. 영국의 유럽연합 탈퇴를 보며 착잡한 마음이 드는 것도 바로 이런 이유입니다. '세계는 하나다. 지구촌은 하나다'에서 '국가적 이익을 우선한다'는 방향 선회이기 때문입니다. 글로벌 정신과 세계화의 위기라는 우려의 소리가 나오고 있는 것도 같은 이유입니다. 영국에 속해 있는 스코틀랜드와 북아일랜드가 독립을 주장할 가능성도 높아졌습니다.

우리가 계속해서 살펴보고 있는 요나의 마음에도 이런 민족주의, 국가주의가 있습니다. 이스라엘 백성은 하나님이 택하신 선민입니다. 그들은 이 사실이 매우 자랑스러웠습니다. 특권을 받았다고 생각했기 때문입니다. 그들은 그것이 세상을 향한 사명이기도 하다는 것을 종종 잊어버렸습니다. 하나님이 택하신 백성이라는 것은, '하나님의 마음으로 하나님의 뜻을 이 땅 위에 이루라'는 사명이기도 했는데 사명을 놓칠 때가 많았습니다.

'선민'이라는 자의식이 사명을 잃고 특권만 될 때 어떤 문제가 발생할까요? 미성숙의 자리로 내려가게 됩니다. 마치 갓 태어난 아기의 수준과 비슷해지는 것입니다. 아이가 태어나면 부모님으로부터 엄청난 사랑과 무조건적인 보살핌을 받습니다. 아이가 울면 엄마는 젖을 물립니다. 칭얼거리면 금방 기저귀를 갈아 줍니다. 아이의 입장에서는 모든 삶이 자기중심으로 돌아가는 것처럼 여겨집니다.

그런데 어느 날 동생이 생깁니다. 유치원에서 또래 친구들도 만납니다. 그러면 세상이 자기중심으로 돌아가지 않는다는 사실을 깨닫게 됩니다. 동생과 친구와 더불어 살아가야 하는 존재임을 느끼게 되는 것입니다. 상대방을 존중해야 나도 존중받을 수 있다는 사실을 깨닫게 되는 것, 그것은 자기중심의 세계에서 이웃을 보게 되는 경험이며, 성숙을 위한 놀라운 체험이라고 할 수 있습니다.

요나는 세상이 이스라엘을 중심으로 돌아가야 한다고 생각했습니다. 그리고 이스라엘의 중심에는 자신이 있다고 여겼습니다. 그래서 하나님도 자기중심으로 돌아야 하고, 그렇지 않은 하나님은 용납할 수 없었습니다. 그런 점에서 보면, 요나는 신앙은 있었지만 자기중심적인 이기성에 붙잡혀 있었습니다. 다시 말하면, 영적 미성숙에 놓여 있었던 것입니다.

> 본질적인 회개는
> 자기중심적인 생각을
> 버리는 것입니다

하나님은 이런 요나에게 요나와 이스라엘 백성뿐만 아

니라 하나님이 만드신 온 세상을 사랑하시는 하나님을 가르쳐 주고 싶으셨습니다. 그래서 요나의 편협한 사상을 깨뜨리십니다.

요나서 2장에는, 요나가 큰 물고기의 뱃속에서 기도한 내용이 기록되어 있습니다. 언뜻 보면 요나가 깊은 참회의 기도를 한 것처럼 보입니다. 그가 고난 속에서도 기도하고 있기 때문입니다. 고난을 당하면 먼저 불평과 원망이 나오기 마련인데, 요나는 고난 속에서 기도합니다.

"내 기도가 주께 이르렀사오며 주의 성전에 미쳤나이다"(욘 2:7).

자신의 기도가 하나님께 상달되었다는 사실을 기뻐하면서 기도를 시작합니다. 또 고난 속에서 감사하며 기도했습니다. 고난 속에서 감사가 우러나오려면 시간이 걸립니다. 쉽게 "감사합니다"라는 소리가 나오지 않습니다. 그런데 그는 감사할 줄 알았습니다.

"나는 감사하는 목소리로 주께 제사를 드리며 나의 서원을 주께 갚겠나이다"(욘 2:9).

조금만 아파도 불평하고, 계획된 대로 되지 않으면 하나님께 화를 내고 원망하는 게 우리인데, 요나는 고난 가운데 감사의 기도를 하나님께 올리고 있습니다. 고난 속에서 기도하고, 고난 속에서 감사를 찾는 모습이 요나의 기도를 참회의 기도로 보이게 합니다.

그런데 더 자세히 살펴보면, 요나의 기도는 진정한 참회라고 할 수 없습니다. 자기중심적인 생각을 여전히 포기하고 있지 않기 때문입니다. '절반의 회개'일 뿐입니다. 회개는 회개인데 본질적인 회개의 내용은 잃었다는 뜻입니다.

> 회개 없는 신앙은
> 진정한 신앙이
> 아닙니다

회개는 무엇일까요? 내가 지금 가고 있는 방향이 잘못

된 것을 깨닫고, 방향을 바꾸는 것입니다. 그래서 회개란 삶의 전환입니다. 문제가 있음을 고백하고, 생각과 삶을 변화시키는 것입니다. 무엇보다 하나님 앞에서 삶을 돌이키는 것이 회개입니다. 회개란 기독교의 본질입니다. 회개를 놓치고는 기독교 신앙을 이야기할 수 없습니다. 왜냐하면 예수님의 첫 번째 메시지가 회개하라는 것이었고, 요한계시록을 보면 마지막 메시지 또한 회개하라는 것이기 때문입니다.

> "때가 찼고 하나님의 나라가 가까이 왔으니 회개하고 복음을 믿으라 하시더라"(막 1:15).

예수님의 명령은 두 가지였습니다. 믿으라는 것과 그것보다 앞서 행해야 할 것이 회개하라는 것입니다. 믿음 이전에 회개가 이루어져야 신앙이 시작된다는 가르침입니다.

요한계시록에는 하나님이 교회를 향해서 주시는 말씀이 기록되어 있습니다.

"그러나 너를 책망할 것이 있나니 너의 처음 사랑을 버렸느니라 그러므로 어디서 떨어졌는지를 생각하고 회개하여 처음 행위를 가지라"(계 2:4-5).

수고하고 땀 흘리고 교회 봉사도 잘했지만, '처음 사랑'을 잃어버린 것이 책망받을 이유라고 말씀하십니다. 하나님 앞에서 두렵고 떨리는 마음으로 회개하던 마음을 잃어버렸다는 것입니다.

이것은 무슨 의미입니까? 회개 없는 기도가 있다는 것입니다. 회개할 생각은 하지 않고 달라는 기도만 하고 있다는 것입니다. 회개 없는 찬양이 있다는 것입니다. 아름다운 곡조로 찬양을 부르는데 영혼의 기쁨은 사라진, 목소리만 울리는 찬양이 있다는 것입니다. 용서받음의 은총으로 하나님을 향해서 노래 불러야 하는데 그렇지 못하다는 것입니다. 회개 없는 예배가 있다는 것입니다. 예배당에 앉아서 예배의 모든 순서에 다 참여하고는 있지만, 가슴속에 흐르는 회개의 눈물은 없다는 것입니다. 회개 없는 봉사가 있다는 것입니다. 수고하고 땀 흘리며 아침부터 저녁까지 주님의 일을 한다고 하는데, 마음속에 불평과 원망이 가득하다는 것입니다. 결국 회개 없는 기도, 회개 없는 찬송, 회개 없는 예배, 회개 없는 봉사는 안 된다는 뜻입니다.

회개를 하는 것은 누구에게나 어렵습니다. 특히 사람 앞에서 내 잘못을 이야기하는 것은 누구에게도 쉬운 일이 아닙니다. 그런데 하나님 앞에서도 내 잘못을 이야기하는 것이 결코 쉽지가 않습니다. 그러나 하나님은 우리를 하나님의 사람으로 만들기 위해서, 우리 안에 새것을 주시기 위해서 우리가 우리의 헌 것을 하나님 앞에서 해체시키기를 요청하십니다. '회개하라'는 요청입니다.

죄의 고백이 있어야
하나님이 기뻐하시는
참회가 이루어집니다

요나의 첫 번째 문제는, 그의 기도에는 회개가 없다는

것입니다. 요나는 2장 1절부터 9절에 이르기까지 꽤 긴 기도를 드립니다. 하나님은 요나에게 위기를 통해 여러 번 사인을 주셨습니다. 하지만 요나는 회개하지 않았습니다. 그리고 마지막까지 자기변명에 급급했습니다. 그의 기도 속에는 회개가 없습니다. 자신이 무엇을 잘못했는지 이야기하지 않습니다. 자신의 불순종과 죄악이 무엇인지 고백하지 않습니다.

사울 왕(삼상 15장)과 다윗 왕(삼하 12장)의 이야기가 좋은 예가 됩니다. 둘 다 하나님 앞에서 부끄러운 일을 행했습니다. 하지만 두 사람은 자신의 잘못 앞에서 상반된 태도를 보입니다. 선지자 사무엘이 사울 왕에게 잘못을 지적했을 때, 사울은 변명했습니다. 하나님은 사울이 잘못을 시인하고 회개하기를 바라셨는데, 사울은 마치 사람 앞에서 하듯이 그때 자신이 왜 그럴 수밖에 없었는지 변명을 늘어놓았습니다. 결국 하나님은 사무엘을 통해서 사울 왕을 버리겠다고 말씀하십니다. 하나님은 변명을 싫어하십니다.

반면 다윗은 선지자 나단에게 지적을 받았을 때, 그 자리에서 무릎을 꿇었습니다. 그리고 통회하며 자복했습니다. 왕으로서의 체면을 생각하지 않고 크게 회개했습니다. 이때 그가 드린 기도가 시편 51편의 참회의 시입니다.

"무릇 나는 내 죄과를 아오니 내 죄가 항상 내 앞에 있나이다"(시 51:3).

자신 안에 죄를 짓는 못된 습성이 있다는 것을 고백한 것입니다. 하나님은 이런 다윗을 용서하십니다. 하나님이 다윗을 귀히 여기신 것은 그가 하나님 앞에 있는 모습 그대로 나왔기 때문입니다. 다윗은 어린아이가 엄마 앞에 시커멓게 때 묻은 옷, 상처 난 모습 그대로 나아가는 것처럼 하나님 앞에 나아갔습니다. 하나님은 그런 다윗을 좋아하셨습니다.

그런데 요나서 2장에 등장하는 요나의 기도에는 그런 모습이 없습니다. 하나님의 뜻을 나 몰라라 하며 도망쳤던 자신의 불순종에 대한 회개가 한마디도 기록되어 있지 않습니다.

> 고난에 대한 넋두리가 아닌
> 내 속의 악함을 고백하는 것이
> 참 회개입니다

요나의 두 번째 문제는, 자신이 당한 고난에 대한 넋두리가 기도 전체를 휩싸고 있다는 것입니다.

> "내가 받는 고난으로 말미암아 여호와께 불러 아뢰었더니 주께서 내게 대답하셨고 내가 스올의 뱃속에서 부르짖었더니"(욘 2:2).

> "물이 나를 영혼까지 둘렀사오며 깊음이 나를 에워싸고 바다 풀이 내 머리를 감쌌나이다"(욘 2:5).

> "내가 산의 뿌리까지 내려갔사오며 땅이 그 빗장으로 나를 오래도록 막았사오나"(욘 2:6).

> "내 영혼이 내 속에서 피곤할 때에 내가 여호와를 생각하였더니"(욘 2:7).

그가 기도할 수밖에 없었던 이유는, 그가 당하는 고난이 컸기 때문입니다. 그는 자신이 당한 고통을 강조합니다. 스올의 뱃속, 물의 깊음, 산의 뿌리, 죽은 자들이 거하는 무덤과도 같은 곳, 창세기에 나오는 혼돈 상태, 즉 흑암 속에 자신이 빠져들었다고 한탄합니다. 그리고 너무 상심되고 피곤하니 하나님이 생각난다고 이야기합니다. 몸과 영혼이 침몰하고 있기 때문에 하나님을 부르지 않을 수 없었던 것입니다. "하나님, 못 견디겠습니다!"라고 하나님을 붙들 수밖에 없었습니다. 고난 속에서 그가 기억한 것은 자신의 죄가 아니었습니다.

고난을 당하거나 깊은 질병이 들어 아플 때, 우리는 기도합니다. "하나님, 이 고난을 제거해 주세요. 못 살겠습니다." 그런데 그래도 고난이 사라지지 않으면 이런 기도도 합니다. "하나님, 이 고난만 지나가게 해 주시면, 제가 주님께 충성할게요. 제 몸을 주님께 바칠게요. 제가 가진 것들을 주님께 드릴게요." 굉장히 멋진 기도입니다.

그러나 이보다 더 중요한 것이 있습니다. 바로 자신

을 돌아보는 것입니다. "하나님, 그동안 제가 말로, 행동으로 다른 사람에게 얼마나 상처를 줬는지 모릅니다. 제가 얼마나 교만했는지 모릅니다. 제 속에는 늘 거짓이 있었습니다. 나를 변명하려고 남에게 내 죄를 덮어씌운 적도 많았습니다. 제 속에 있는 제 악함을 압니다" 하고 내 안에 있는 악과 허물을 하나님 앞에 먼저 토해 내야 합니다.

> 비교를 통한
> 감사 기도는
> 오만한 기도입니다

요나의 세 번째 문제는, 아직도 다른 사람과 비교하면서 기도한다는 것입니다.

"거짓되고 헛된 것을 숭상하는 모든 자는 자기에게 베푸신 은혜를 버렸사오나"(욘 2:8).

저는 처음에 이 구절을 읽으면서, 요나가 자신에 대해 이야기하는 것은 아닌가 싶었습니다. '내가 거짓되었구나. 내가 헛된 우상을 섬겼구나. 내가 하나님을 믿는다고 하면서, 사실은 무신론적 사고를 가졌구나. 내가 하나님의 뜻을 어기고 불순종했구나!' 하고 말입니다. 그런데 가만히 보니 거짓되고 헛된 것을 숭상했다는 대상이 단수가 아니라 복수입니다. 어쩌면 니느웨 백성을 뜻하는 것인지도 모르겠습니다. 만약 그렇다면, '그들은 하나님의 은혜를 저버린 사람들입니다!'라는 뜻입니다. 그리고 요나는 8절 마지막에 역접 접속사 '그러나'를 사용한 뒤 9절에서 이렇게 이야기합니다.

"나는 감사하는 목소리로 주께 제사를 드리며 나의 서원을 주께 갚겠나이다"(욘 2:9).

이 구절을 읽으면서 떠오르는 말씀이 있었습니다. 예수님이 세리와 바리새인의 기도를 예로 들어 하신 말씀입니다. 바리새인의 기도는 다음과 같았습니다.

"하나님이여 나는 다른 사람들 곧 토색, 불의, 간음을 하는 자들과 같지 아니하고 이 세리와도 같지 아니함을 감사하나이다"(눅 18:11).

여기에도 감사가 있습니다. 하지만 이 감사는 다른 사람과의 비교를 통한 감사입니다. "저는 저 사람하고 다르죠? 저는 본질적으로 저런 사람과는 달라요. 제가 예수님을 얼마나 사랑하는데요? 제가 얼마나 교회생활을 잘했는데요? 제가 기도도 많이 하고, 헌금도 얼마나 많이 했는데요?"

감사한다는 것이 얼마나 놀라운 일입니까? 하나님께 제사를 드리겠다는 것이 얼마나 굉장한 일입니까? 주의 소원을 갚겠다고 결단까지 하지 않았습니까? 그러나 요나의 본심이 바뀌지는 않았습니다. 감사는 잠깐뿐입니다. 서원을 주께 갚겠다는 것도 일시적입니다. 그것은 요나서 3장과 4장을 보면 명백하게 드러납니다. 그런 점에서 그는 절반의 회개만 한 것입니다.

절반의 회개가 아예 회개를 하지 않는 것보다 과연 나을까요? 때로는 더 나쁜 것이 되고 맙니다. 차선은

최선의 다음이 아니라 최선의 적이 될 수 있습니다. 차선에 만족하면 최선을 향한 노력을 접게 됩니다. '이 정도 했으면 됐지!' 하고 멈춰 버리거나 때로는 오만한 생각마저 들게 합니다. 그러면 가슴에 뜨거움이 없고 영혼의 눈물이 사라집니다.

참된 신앙의
시작은
회개입니다

예수님을 믿으면서도 마지막까지 쉽게 사라지지 않는 것이 있습니다. 세상이 나를 중심으로 돌아야 하고, 하나님마저 나를 중심으로 돌아야 한다는 생각입니다. 마지막까지 그것을 붙들려고 합니다. 그리고 나의 죄악과 부끄러움과 연약함을 하나님 앞에 토해 내지 않으면서 신앙생활을 합니다. 하나님 앞에서 체면을 차리려는 것입니다.

우리는 누구나 하나님 앞에 어린아이와 같은 존재

입니다. 우리는 하나님 앞에서 아무것도 아닙니다. 엄마 아빠 앞에 서는 어린아이처럼, 있는 모습 그대로 하나님 앞에 나오는 것을 하나님도 기뻐하십니다. 그저께 잘못하고, 어제 잘못하고, 오늘 또 잘못하고, 내일도 잘못할지라도 그 모습 그대로 주님 앞에 나와야 합니다. 그때 하나님은 우리의 영혼에 회개의 영과 영혼의 눈물을 주십니다. 회개의 영을 받아야 내 영혼이 다시 기뻐하고 다시 감사할 줄 알게 됩니다. 그리고 '하나님, 제가 스스로 자랑했던 모든 것을 다 내려놓고 다시 시작하겠습니다. 주님과 함께 다시 출발하겠습니다. 다시 주님 뜻대로 살겠습니다' 하고 새로운 용기와 사명을 갖게 됩니다.

  회개가 모든 것의 시작입니다. 신앙의 시작과 끝은 모두 회개입니다. 오늘도 내 모습을 돌아보면서 하나님 앞에 나를 토해 내고, 하나님의 용서를 받는 복된 하나님의 자녀들이 되기를 바랍니다.

"
순종이란
내 뜻을 꺾고
하나님의 뜻을 분별하여
따르는 것입니다.
"

몸만 따르는 것은
순종이 아닙니다

사랑은
언제나
옳다

 욘 3:1~5

여호와의 말씀이 두 번째로 요나에게 임하니라 이르시되 일어나 저 큰 성읍 니느웨로 가서 내가 네게 명한 바를 그들에게 선포하라 하신지라 요나가 여호와의 말씀대로 일어나서 니느웨로 가니라 니느웨는 사흘 동안 걸을 만큼 하나님 앞에 큰 성읍이더라 요나가 그 성읍에 들어가서 하루 동안 다니며 외쳐 이르되 사십 일이 지나면 니느웨가 무너지리라 하였더니 니느웨 사람들이 하나님을 믿고 금식을 선포하고 높고 낮은 자를 막론하고 굵은 베옷을 입은지라

하나님은 인간적인 고집을 꺾기 원하십니다

요나의 기도가 절반의 회개였던 것처럼, 이후 요나는 하나님의 말씀에 순종한 것같이 보이지만 자세히 보면 온전한 순종이 아닌 것을 알 수 있습니다. 억지로 하는 순종입니다. 절반의 순종인 것입니다. 마지막까지 그는 자신의 뜻을 굽히지 않습니다.

도대체 요나는 어떤 성품을 지닌 인물이었을까요? 그는 겁쟁이라기보다는 고집쟁이였습니다. 도망을 간 것도 무서워서 피한 것이 아닙니다. 하나님을 거부하려고 숨은 것입니다. 어떻게 보면 하나님과 영적 씨름을 하고자 한 것입니다. "누가 옳은가 한번 해 봅시다!" 하는 마음이었던 것 같습니다. 구약의 야곱을 닮은 것 같기도 하고, 신약의 예수님을 믿기 전 바울을 닮은 것 같기도 합니다. 자기주장을 관철하지 못하면 참지 못하는 성격이었던 것입니다.

하나님은 이런 요나의 고집을 꺾기 원하셨습니다.

웬만한 사건과 사고로는 그의 고집을 무너뜨릴 수 없다는 사실을 아시고는, 특단의 방법을 택하셨습니다. 그래서 요나를 스올의 뱃속까지 몰아가신 것입니다.

인간적으로 보면, 요나는 굉장히 용기 있는 인물이기도 합니다. 하나님의 뜻을 어기고 도망가긴 했지만, 그는 하나님께서 쓰실 만한 인물이었습니다. 니느웨, 곧 이방 사람들 속에서 하나님의 말씀을 강력하게 선포할 수 있는 인물이었기 때문입니다. 그는 이방 사람들로부터 받을 수 있는 고난과 죽음의 위협도 무릅쓰고 하나님의 말씀을 증거할 수 있는 사람이었습니다.

예수 그리스도를 믿는 우리는 기본적으로 자기주장을 할 줄 알아야 합니다. 우리는 때로 예수님을 믿으면 착한 사람이 되어야 한다는 생각에 술에 술 탄 듯 물에 물 탄 듯 살아갑니다. '내가 참으면 되지' 하는 생각으로 모든 것을 참으면서 자신의 생각을 표명할 줄 모르는 그리스도인이 참으로 많습니다. 하지만 이런 식의 유약한 사람은 남에게 자신의 삶을 빼앗기게 됩니다. 또한 개인의 내면에도 문제가 생깁니다. 겉으로 드러내지 않을 뿐 속으로는 화가 나고 가슴이 쓰립니다.

예수님을 믿는 사람은, 싫고 좋음에 대해 분명하게 말할 줄 알아야 합니다. 다만 감정적으로가 아니라 담백하게 자신의 뜻을 표현할 수 있어야 합니다. 그래야 진정으로 존중받고 존중할 수 있습니다. 또한 자신의 뜻을 말할 수 있는 사람들이 삶의 환경이 나빠져도 굳건하게 신앙을 유지할 수 있습니다.

요나는 자신의 생각을 하나님 앞에서 뚜렷하게 표명했습니다. 그래서 하나님과의 영적 대결이 시작될 수 있었습니다. 하지만 그는 그러한 자기표현이 때로는 무모하다는 사실 또한 알게 되었습니다. 그렇다면 큰 물고기 뱃속에서 나온 요나는 이후 하나님의 말씀에 진심으로 순종했을까요?

요나는
하나님의 말씀을
따르기로 결정합니다

큰 물고기 뱃속에서 나온 그는 더 이상 갈 곳이 없다는 사실을 깨달았습니다. 더 가 봐야 스올의 뱃속보다 더 어둡고, 죽음에 더욱 가까운 자리에 들어가게 된다는 것을 알았습니다. 그래서 그는 이제 하나님께 순종하기로 결심합니다.

그런데 가만히 보면, 순종하기는 하는데 여전히 순종하지 않는 모습이 그에게 남아 있습니다. 이것은 예수님을 오랫동안 믿어 온 우리에게도 있는 모습입니다.

먼저 요나의 순종하는 모습은 무엇일까요?

> "일어나 저 큰 성읍 니느웨로 가서 내가 네가 명한 바를 그들에게 선포하라 하신지라"(욘 3:2).

하나님께서 요나에게 세 가지 동사로 명령을 하셨습니다. '일어나라', '가라', '선포하라'입니다. '일어나라'는 새롭게 시작하라는 것이고, '가라'는 가야 할 목표와 길이 있다는 의미입니다. 마지막으로 '선포하라'는 하나님께서 요나에게 해야 할 말을 주시겠다는, 즉 사명에 대한 것입니다. 이처럼 이 세 개의 동사는 굉장히 강렬한 의미를 가진 단어들입니다.

그러면 하나님의 말씀을 들은 후 요나는 어떻게 했을까요?

> "요나가 여호와의 말씀대로 일어나서 니느웨로 가니라… 요나가…외쳐 이르되"(욘 3:3-4).

요나는 하나님이 명하신 세 가지를 모두 행했습니다. 성경에 기록된 대로 "여호와의 말씀대로" 따랐습니다. 완벽한 순종입니다.

신앙의 순종이란 무엇일까요? 내 뜻을 꺾고 하나님의 뜻을 따르는 것입니다. 순종하는 사람들에게는 특징이 있습니다.

첫째, 듣는 마음을 가졌습니다. 하나님의 말씀을 향해서 자신을 열어 놓습니다. 자녀를 키울 때, 자녀의 이름을 부르는데도 모른 체하고 자기 일만 하는 자녀를 보면 화가 납니다. 자녀라면 부모가 부를 때 대답을 하고, 부모가 무언가를 지시하면 하는 시늉이라도 해야 하지 않습니까? 부름에 답하는 것이 바로 듣는 마음입니다. 하나님이 우리에게 말씀하실 때 우리가 듣는 마음을 가져야 순종이 시작됩니다.

둘째, 자기를 부정할 줄 압니다. 내가 생각했던 것, 하고 싶었던 것을 나를 향한 하나님의 말씀 앞에 내려놓는 것입니다. 우리가 주님의 말씀에 순종하지 못하는 이유 중 하나는, 내가 생각하는 것, 내가 하고 싶은 일들이 많기 때문입니다. 무엇이 우선적인 것인지 바르게 판단하여 가지치기를 해야 하는데, 그것을 하지 못하기 때문입니다. 가지치기를 잘하는 것이 삶의 지혜입니다. 모든 것을 다 하면서 살 수는 없습니다. 그렇게 사는 사람은 오히려 아무것도 할 수 없습니다. 가장 우선적인 것, 가장 소중한 것, 하나님과 나와의 관계에서 첫 번째에 해당하는 것이 무엇인지 알아야 가지치기를 할 수 있습니다.

그런 점에서 요나는 괜찮은 사람이었습니다. 이제 그는 다른 것을 생각하지 않습니다. 하나님이 말씀하신 대로 일어나서 가라는 곳으로 갔습니다. 그리고 전해야 할 말을 선포했습니다. 이것이 요나의 순종입니다.

> 말씀과 기도 속에
> 순종의 비밀이
> 담겨 있습니다

신앙을 가지고 있으면서도 하나님께 순종하지 못하는 경우가 있습니다. 거기에는 몇 가지 이유가 있습니다.

첫째, 하나님의 뜻이 무엇인지 알지 못하기 때문입니다. 이런 경우는 성경을 펴서 읽어야 합니다. 그리고 기도하면서 하나님께 물어야 합니다. 말씀도 읽지 않고, 하나님께 기도도 하지 않으면서 "나는 하나님의 뜻을 모르겠습니다"라고 말하는 것은 직무유기이고 영적인 게으름입니다.

둘째, 고정관념 때문입니다. 우리는 우리의 생각으로 울타리를 만들어 놓고는, 아무도 들어오지 못하게 합니다. 하나님이 말씀하셔도 '그것은 안 됩니다!' 하면서 내 생각, 내 가치관, 내 판단으로 스스로를 가둬 놓습니다. 이것은 곧 하나님의 뜻을 외면하는 것과 같습니다. 바로 이것이 요나가 도망간 이유였습니다.

어떤 사람은 하나님의 뜻에 순종하다가도 가끔 이런

생각을 합니다. '내가 한 번은 불순종해 봐야지. 그래서 하나님이 나를 어디까지 취급하시는지 보고, 또 불순종의 결과가 무엇인지 보고 싶어. 그래도 내가 하나님의 자녀인데 조금 불순종했다고 나를 구덩이 속에 빠뜨리시기야 하겠어!' 하나님을 시험해 보려는 못된 마음 때문에 하나님께 의도적으로 불순종하는 것입니다.

어떤 사람에게는 이런 마음도 있습니다. '순종은 모범생들이나 가지는 특징 아니야? 나는 고대 그리스 신화에 나오는 프로메테우스적인 저항 정신으로 하나님 말씀에 도전해 봐야겠어. 인간을 대표해서 하나님께 대들어 보겠어. 나는 욕먹고 벌 받을 각오도 되어 있어!' 허세와 허영으로 하나님의 말씀을 대항하고 무시하는 것입니다.

또 어떤 사람은 이렇게 생각합니다. '나는 예수 믿은 지 오래되었으니까 이미 성숙한 인격을 가졌다고 볼 수 있지. 그러니 하나님, 이제 저를 그냥 놔 주세요.' 이것은 우리의 순종과 성숙을 파괴의 총성으로 오해하는 것입니다.

무지해서 순종하지 않는 사람은 배워야 합니다. 말

씀을 펴서 읽고 기도해야 하나님의 뜻을 분별할 수 있습니다. 순종하고 싶지 않아서 순종하지 않는 사람은 하나님의 놀라운 은혜를 맛보아야 합니다. 의도적으로 거부하는 사람은 요나처럼 혼이 나 봐야 합니다. 자신의 한계에 부딪히고, 때로는 스올의 뱃속까지 들어가 봐야 내 인생이 내 것이 아니라는 사실을 겸손히 깨닫게 됩니다.

전심전력하지 않는 순종은
온전한 순종이
아닙니다

요나는 자신이 감당할 수 없는 어려움을 만나자 하나님의 말씀이 다시 임했을 때 벌떡 일어나서 니느웨로 갔습니다. 그리고 외치기 시작했습니다. 하나님의 말씀에 순종한 것처럼 보이는 이 요나에게 과연 어떤 불순종의 모습이 있었을까요?

> "요나가 그 성읍에 들어가서 하루 동안 다니며 외쳐 이르되 사십 일이 지나면 니느웨가 무너지리라 하였더니"(욘 3:4).

여기서 우리는 두 가지 표현을 눈여겨봐야 합니다. "하루 동안 다니며"와 "사십 일이 지나면 니느웨가 무너지리라 하였더니"입니다. 요나는 하루 동안 수고했을 것입니다. 니느웨 성읍을 돌며 땀을 흘렸을 것입니다. 그런데 이 "하루 동안"이라는 말은 3절에 나오는 말씀과 충돌합니다.

> "니느웨는 사흘 동안 걸을 만큼 하나님 앞에 큰 성읍이더라"(욘 3:3).

니느웨는 사흘 동안 걸어야 다 다닐 수 있는 거대한 성읍이었습니다. 그런데 요나는 하루 동안만 다닌 것입니다. 보통 사람은 한 시간에 4km 정도를 걸을 수 있습니다. 하루에 일곱 시간을 걷는다고 가정하면 하루에 약 28~30km를 걷게 되고, 사흘이면 약 90km를 걷게 됩니다. 또한 4장에는 니느웨에 약 12만 명의 인구가 살고 있다고 기록되어 있습니다. 이것을 통해 알 수 있는 것은, 그곳이 작은 도시가 아니라 거대한 도시라는 사실입니다. 이 큰 도시를, 사흘은 걸어야 하는 이곳을 요나는 단 하루만 돌아다녔을 뿐입니다. 무슨 의미입니까? 요나가 전심전력하지 않았다는 뜻입니다. 사흘이 걸려야 할 전도 사역을 하루에 해치웠다는 말입니다.

> 회개 속에
> 치유가 있고
> 참된 회복이 있습니다

요나가 능력이 많아서일까요? 사실 그렇게 이해할 수도 있습니다. 그런데 성경을 계속 읽어 보면 능력으로 인한 것이 아님을 알 수 있습니다. 요나는 니느웨 사람들이 자신이 전하는 말을 듣고 회개하여 하나님께 구원받는 것이 싫었습니다. 요나의 마음속에는 여전히 이런 생각이 있었습니다. '제발 망해라. 회개하지 말고 무너져라.' 니느웨를 향해 저주에 가까운 마음을 지니고 있었기 때문에 하루 동안만 하나님의 말씀을 증거한 것입니다. 그러고는 할 일을 다 했다며 자리를 피했습니다. 이러한 그의 마음은 그가 전한 메시지를 봐도 알 수 있습니다. 요나서 1장 첫 부분에는 하나님이 요나에게 전하라고 하신 말씀이 기록되어 있습니다.

> "여호와의 말씀이 아밋대의 아들 요나에게 임하니라 이르시되 너는 일어나 저 큰 성읍 니느웨로 가서 그것을 향하여 외치라 그 악독이 내 앞에 상달되었음이니라 하시니라"(욘 1:1-2).

하나님이 예언자들을 통해서 죄악과 허물을 지적하시는 이유는 무엇일까요? 부모가 자녀에게 자녀의 잘못을 지적하는 이유와 같습니다. 먼저는 잘못하고 있음을 알려 주려는 것입니다. "네가 지금 무엇인가 잘못하고 있어. 계속 그렇게 하면 벌을 받을 수밖에 없어." 멈추지 않으면 야단을 맞게 된다는 경고입니다. 그러나 그것이 전부가 아닙니다. "이제 멈춰라. 네가 잘못에서 돌이키면 내가 용서해 줄게." 경고에는 용서와 축복의 메시지가 따라옵니다. 잘못을 고백하고 돌아오는 자녀를 껴안으며 받아 주는 부모의 마음과 같습니다. 이처럼 하나님의 메시지에는 징벌에 대한 경고뿐만 아니라 용서와 축복이 함께 들어 있습니다.

그런데 요나는 첫 번째 메시지에만 관심을 가졌습니다. 그는 니느웨 백성의 죄를 지적하지 않았고, 회개도 요구하지 않았습니다. 하나님의 은총을 언급하지도 않았습니다. 오직 심판과 멸망의 메시지만 아주 짧게 외쳤습니다. "사십 일이 지나면 이제 망할 것이다!"

하나님이 우리에게 회개를 요청하시는 이유는 회개 속에 생명이 있기 때문입니다. 회개 속에 치유가 있고, 회복이 있기 때문입니다. 삶이 새로워지는 것은, 지은 죄가 있고 없고의 문제가 아니라 회개를 하느냐 안 하느냐의 문제입니다. 우리가 하나님 앞에 내 모습을 그대로 아뢰면, 그때부터 회복이 일어납니다. 그때부터 생명의 역사가 일어납니다.

하지만 요나는 그것이 싫었습니다. 그래서 그는 회개의 메시지가 아니라 멸망의 메시지만 선포했습니다. 니느웨가 망하기를 바라는 마음에 사흘에 걸쳐 선포해야 할 메시지를 단 하루 동안만 전한 것입니다. 그의 이러한 모습은 4장까지 지속되고 있습니다.

> 하나님의 뜻을 물으며
> 온전한 순종으로
> 나아가야 합니다

엄한 아버지의 회초리가 무서워서 그저 아버지의 말에 "네네" 하는 것은 어린아이의 미숙한 순종입니다. 하나님 앞에서도 마찬가지입니다. 하나님의 징계가 무서워서 하나님을 믿고 순종하겠다는 것은 미숙한 신앙입니다. 또 하나님은 우리의 기도에 응답해 주시고, 우리가 헌금하면 30배, 60배, 100배로 축복하시는 분이기 때문에 순종하겠다는 것은 기복주의적인 신앙입니다. 우리는 예수님을 이 땅에 보내셔서 십자가 위에서 죽게 하신 하나님의 사랑을 깨닫고, 나를 하나님의 아들과 딸로 삼으신 하나님의 은혜에 감복해서 순종해야 합니다. 그것이 자발적인 순종이며 성숙한 신앙입니다.

우리의 신앙은 어디에 머물러 있습니까? 하나님이 무서워서 겨우 예배를 드리고 헌금을 하고 있습니까? 물질적인 복을 받기 위해 하나님께 예배드리고 기도하고 헌금합니까? 아니면 나 같은 자를 사랑하시는 하나님의 은혜와 사랑에 감사해서 내 인생을 하나님께 드린다는 고백과 함께 하나님께 예배하고 헌금하고 있습니까?

우리 속에 요나의 모습이 있습니다. 내 고집이 하나님의 말씀보다 더 클 때가 있습니다. 때로는 하나님의 이름, 예수님의 이름을 들먹이면서 내 주장을 관철하려고 하는 완악하고 못된 마음도 있습니다. 이것은 불순종이라고 할 수 있습니다.

앞에서 절반의 회개가 위험하다는 이야기를 했습니다. 그런데 절반의 순종도 위험합니다. 그것으로 만족하여 기쁜 마음과 자원하는 마음으로 하는 순종을 놓치게 되기 때문입니다.

하나님께서는 우리를 사랑하십니다. 우리에게 예수 그리스도를 보내 주시고, 예수 그리스도를 통해서 우리가 하나님의 아들과 딸이 되게 하셨습니다. 우리가 하나님의 아들과 딸로서 이 땅에서 무엇을 해야 할까요? 다시 말씀을 펴서 하나님의 뜻을 살피기 바랍니다. 하나님께 기도하며 물으면서 내게 주어진 삶, 내 가정과 직장에서 내가 할 일들을 다시 깨닫게 되기를 바랍니다. 예수님을 사랑하고, 사람을 사랑하며, 내가 믿는 예수님을 자랑할 줄 아는 것이 축복입니다. 그리고 그것이 하나님께서 오늘 우리를 부르신 이유입니다.

그동안 성경을 읽지 않았다면 다시 펴서 읽으십시오. 그동안 기도하지 않았다면 다시 기도를 시작하십시오. 내가 하나님의 아들과 딸이라는 자랑스러운 정체성을 갖고 세상을 향해 나아가십시오. 하나님께서 나의 아바 아버지가 되시고, 예수님이 나의 주님이 되시고, 성령님께서 지혜와 능력으로 나를 이끄신다는 것을 믿고 세상을 향해 담대히 나아가길 바랍니다.

> 삶이 새로워지는 것은,
> 지은 죄가 있고 없고의 문제가 아니라
> 회개를 하느냐 안 하느냐의 문제입니다.

> 회개는
> 하나님 앞에서 하는 것이며,
> 내 자아를 하나님 속에서
> 깨뜨리는 것입니다.

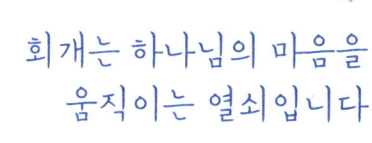

회개는 하나님의 마음을 움직이는 열쇠입니다

사랑은
언제나
옳 다

 욘 3:5~10

니느웨 사람들이 하나님을 믿고 금식을 선포하고 높고 낮은 자를 막론하고 굵은 베옷을 입은지라 그 일이 니느웨 왕에게 들리매 왕이 보좌에서 일어나 왕복을 벗고 굵은 베옷을 입고 재 위에 앉으니라 왕과 그의 대신들이 조서를 내려 니느웨에 선포하여 이르되 사람이나 짐승이나 소 떼나 양 떼나 아무것도 입에 대지 말지니 곧 먹지도 말 것이요 물도 마시지 말 것이며 사람이든지 짐승이든지 다 굵은 베옷을 입을 것이요 힘써 하나님께 부르짖을 것이며 각기 악한 길과 손으로 행한 강포에서 떠날 것이라 하나님이 뜻을 돌이키시고 그 진노를 그치사 우리가 멸망하지 않게 하시리라 그렇지 않을 줄을 누가 알겠느냐 한지라 하나님이 그들이 행한 것 곧 그 악한 길에서 돌이켜 떠난 것을 보시고 하나님이 뜻을 돌이키사 그들에게 내리리라고 말씀하신 재앙을 내리지 아니하시니라

자신을 점검하는 것이 회개의 시작입니다

요나의 메시지는 아주 단순하고 명확합니다. 우리말 다섯 어절로 표현된 그의 메시지, "사십 일이 지나면 니느웨가 무너지리라"(욘 3:4)는 히브리어로도 다섯 어절로 표현됩니다. 이 단순하고 명확한 메시지를 요나는 하루 동안 선포했습니다.

요나는 이 말을 하루 동안 몇 번 외쳤을까요? 그가 전한 메시지를 제가 읽어 보니 빠르면 5초, 천천히 읽으면 10~15초 정도 걸렸습니다. 1분에 한 번씩 외쳤다고 해도 1시간이면 60번입니다. 그가 하루 동안 다녔으니, 8시간을 외쳤다고 가정하면 약 480번에서 500번 정도 외친 것으로 볼 수 있습니다. 요나는 니느웨 사람들이 이해하는 아람어로 말했을 것입니다. 강력하게 반복되는 이 단순한 메시지는 매우 충격적인 결실을 맺었습니다. 니느웨 백성들이 회개하기 시작한 것입니다.

회개는 기독교인들이 주로 사용하는 말입니다. 믿지 않는 사람들이 사용하는 단어에서 가장 근접한 단어를 찾는다면, '자기반성', '자기 성찰'일 것입니다. 이 땅에 살았던 지혜의 스승들은 자기반성에 깊은 관심을 가졌습니다. 자기반성은 자신의 정체성을 점검하는 내적 욕망이기 때문입니다. 그리고 이것은 '내가 누구일까?', '내가 무엇 때문에 이 자리에 있을까?', '내가 한 일은 어떤 의미가 있는 것일까?' 등의 질문으로 나타납니다.

지혜의 스승들은

자기 성찰을

잊지 않았습니다

자기 성찰의 중요성을 간파한 지혜의 스승들의 이야기는 한결같습니다. 소크라테스는 "나는 모르는 것을 모른다고 생각한다는 점에서 지혜롭다"고 말하며 "너 자신을 알라"는 명구를 남겼습니다. 공자는 논어 위정편(爲政篇)에서 "지지위지지 부지위부지 시지야"(知之爲知

之 不知爲不知 是知也)", 즉 "아는 것을 안다고 하고 모르는 것을 모른다고 하는 것이 바로 아는 것이다"라고 이야기했습니다. 소크라테스의 말과 같은 맥락입니다.

아는 것을 안다고 하는 것은 쉽습니다. 하지만 모르는 것을 모른다고 말하는 것은 결코 쉽지 않습니다. 사람은 누구나 자신의 부족함을 드러내기 싫어하기 때문입니다. 그러나 아는 것을 안다고 말하고 모르는 것을 모른다고 말할 줄 알아야 진정한 앎이라고 지혜자들은 말합니다.

불교의 〈법구경〉(法句經)을 보면 비슷한 이야기가 나옵니다. "불무관피 작여부작 상자성신 지정부정"(不務觀彼 作與不作 常自省身 知正不正). '남의 잘못을 보고 이렇다 저렇다 하지 말라. 언제나 스스로를 먼저 살펴 옳고 그름을 알라'는 뜻입니다. 계몽주의 근대 철학을 연 데카르트가 남긴 유명한 말도 있습니다. "나는 생각한다. 고로 나는 존재한다." '생각하는 나, 성찰하는 나'가 있어야 모든 사물을 이해할 수 있다는 의미입니다. '나'라는 존재를 철학적 사고의 기초로 세워 나가면서 계몽주의 근대철학이 열렸습니다.

우리의 선배들 중에도 자기 성찰을 한 이들이 많습니다. 민족시인이었던 윤동주는, 젊은 시절 나라를 잃은 시대를 반추하면서 자기 성찰의 시를 지었습니다. 민족의 정체성을 상실한 시대에 살면서 자기반성, 자기 성찰을 탁월하게 표현한 시입니다. 제목은 '참회록'입니다.

파란 녹이 낀 구리 거울 속에
내 얼굴이 남아 있는 것은
어느 왕조의 유물이기에
이다지도 욕될까.

나는 나의 참회의 글을 한 줄에 줄이자.
– 만(滿) 이십사 년 일 개월을
무슨 기쁨을 바라 살아 왔던가.

내일이나 모레나 그 어느 즐거운 날에
나는 또 한 줄의 참회록(懺悔錄)을 써야 한다.
– 그때 그 젊은 나이에
왜 그런 부끄런 고백을 했던가.

밤이면 밤마다 나의 거울을
손바닥으로 발바닥으로 닦아 보자.

그러면 어느 운석(隕石) 밑으로 홀로 걸어가는
슬픈 사람의 뒷모양이
거울 속에 나타나온다.

정체성을 잃어버린 치욕의 역사 속에서 아무 역할도 할 수 없고, 꿈도 꿀 수 없는 부끄러움을 표현한 시입니다. 스물네 살의 윤동주는 이 시 안에 깊은 고뇌를 담았습니다.

> 회개와
> 자기 성찰에는
> 분명한 차이가 있습니다

지금 우리가 살고 있는 이 시대를 뭐라고 표현할 수 있을까요? 무엇보다 자기반성, 자기 성찰을 망각한 시대로 표현할 수 있지 않을까 싶습니다. 사건이 터지면 우선 남을 탓하며 분노하고, 정작 내가 해야 할 일은 등한시하며 나의 잘못에 대해서는 침묵하고 있지는 않은지 돌아봅니다.

자기 성찰을 멈춘 사람들, 자신에 대한 인식이 결여되어 있는 사람들, 자신의 정체성을 알아가기를 포기한 사람들의 집단은 마치 자폐증을 앓고 있는 집단과도 같습니다. 이런 사회적 자폐성의 모습이 우리 안에 있기 때문에, 불평과 분노의 지수가 자꾸만 높아감에도 불구하고 함께 고뇌하려는 노력은 점점 줄고 있는 것입니다.

자기 성찰이란 굉장히 중요한 삶의 지혜이자 태도입니다. 개인뿐만 아니라 민족과 사회 전체에 있어서도 그렇습니다. 기독교는 기본적으로 자기 성찰의 종교입니다. 게다가 가장 강력한 자기 성찰의 틀을 가지고 있습니다. 바로 회개입니다. 회개란, 철저한 자기 성찰에 대한 선언입니다.

그런데 기독교 신앙이 말하는 회개와 세상에서 말하는 자기 성찰 사이에는 결정적으로 다른 몇 가지 차이

점이 있습니다.

첫째, 자기 성찰은 사람 앞에서 하는 반성입니다. 하지만 회개는 하나님 앞에서 하는 것입니다. 하나님은 내 모든 것을 아시는 분입니다. 내 내면의 세계, 즉 내가 생각하는 것, 내 속에 꿈틀거리는 욕망까지도 다 아시는 하나님 앞에 서는 것이 회개입니다.

둘째, 자기 성찰은 마지막까지 자아를 붙듭니다. 그 꽉 붙잡은 자아 때문에 온전한 자기 성찰이 이루어지기 힘듭니다. 무아의 경지에 이르러서도 자아를 놓지 못하는 것이 자기 성찰입니다. 하지만 회개는 자아를 완전히 내려놓는 것입니다. 아니, 내 자아를 거대한 하나님 속에서 깨뜨리는 것이 기독교 신앙의 회개입니다. 그래서 성경은 옛 자아를 벗어 버리고 예수님 안에서 새로운 자아를 회복하라고 말씀합니다.

마지막으로 가장 결정적인 차이점은, 삶의 변화에 관한 것입니다. 회개하고 하나님께 용서를 받으면 세상이 주지 못하는 평안과 기쁨의 감격을 누리게 됩니다. 주님 안에서 온전한 자유자로 거듭나는 것이 기독교가 말하는 회개의 축복입니다. 그래서 회개란 기독교 입문의 시작일 뿐만 아니라 신앙의 내용이면서 신앙의 결과이기도 합니다. 회개하는 사람이 될 때에 비로소 우리가 하나님의 사람이 되고, 하나님의 자녀가 되고, 하나님이 주신 축복을 받는 사람이 됩니다.

회개에는 네 가지 단계가 있습니다

본문에는 회개의 과정이 몇 개의 단계로 나타납니다.

"니느웨 사람들이 하나님을 믿고 금식을 선포하고 높고 낮은 자를 막론하고 굵은 베옷을 입은지라"(욘 3:5).

평민들뿐만 아니라 지위가 높고 낮은 모든 사람들이 자신들의 죄 때문에 재앙이 임했다고 고백했습니다. 그러자 왕도 참여했습니다(6절).

여기에 첫 번째 단계가 나타납니다. 회개란 "저 사람 탓이다"라고 말하는 것이 아니라 "내 탓이다"라고 인정하는 것입니다. 남을 탓하는 자리에는 싸움이 생길 수밖에 없습니다. 그러한 갈등 구조를 깨뜨리는 것이 회개입니다. 서로가 서로를 인정하고, 서로가 서로를 부둥켜안고 함께 눈물을 흘리는 것이 회개입니다.

두 번째 단계는, 내가 누리고 가진 것이 별것 아님을 선언하는 것입니다.

> "그 일이 니느웨 왕에게 들리매 왕이 보좌에서 일어나 왕복을 벗고 굵은 베옷을 입고 재 위에 앉으니라"(욘 3:6).

왕이 누구보다 적극적으로 회개하는 장면이 이채롭습니다. 이것은 쉽지 않은 일입니다. 권력을 지닌 사람, 지식이 많은 사람, 소유가 많은 사람이 회개하기란 매우 어렵습니다. 왜 그렇습니까? "내가 잘못했다"고 말하면, 자신이 쌓은 지식의 탑, 권력의 탑, 재산의 탑이 순식간에 무너진다고 생각하기 때문입니다. 하지만 니느웨 왕은 왕좌에서 내려왔습니다. 먹을 것을 금하고 재 속에 앉았습니다. 그리고 "나는 별것 아닙니다. 나는 죽은 존재와도 같습니다. 나보다 더 큰 통치자가 있습니다. 내가 왕이지만 나보다 더 큰 왕이 있습니다"라고 무릎을 꿇고 회개했습니다. 기득권의 자리를 박찰 수 있는 것, 권위와 사치를 내려놓을 수 있는 것, 하나님의 긍휼을 기대하는 것, 교만한 자리에서 겸손한 자리로 내려오는 것, 이것은 축복입니다.

문제가 생겼을 때, 권력자와 독재자는 종종 정치적 속죄양을 만들어 자신이 아닌 다른 누군가의 잘못이라고 공표합니다. 가정에서도 그렇습니다. 어려움이 생겼을 때, 아버지나 남편이 "내가 잘못해서 이렇게 된 거야" 하면 그 가정이 복을 받습니다. 그런데 가장이 "내가 잘못한 게 아니라 당신 때문이야!"라며 아내를 탓하거나 "너 때문이야"라고 자녀에게 책임을 돌리기 시작하면 가정 안에 서로를 향한 불평과 원망이 가득 쌓일 수밖에 없습니다.

우리 가정은 어떻습니까? 가정에 어려움이 있을 때, 아버지이자 남편이 먼저 하나님 앞에 자신의 모습을 아룁니까? 가족들을 불러 모아놓고 자신의 부족한 점을 고백하며 어려움을 극복하기 위해 노력하자고 이야기합니까? 그래야 하나님으로부터 받는 축복의 역사를 기대할 수 있고, 회복이 시작됩니다.

세 번째 단계는, 지금까지 행했던 악과 불의를 과감하게 쳐부수는 것입니다. 다시 말하면, 삶의 거룩성을 회복하는 것입니다.

> "힘써 하나님께 부르짖을 것이며 각기 악한 길과 손으로 행한 강포에서 떠날 것이라"(욘 3:8).

하나님 앞에서 부르짖으면서 그동안 행한 모든 악한 일에서부터 벗어나라는 것입니다. 이것은 교만, 불의, 거짓, 시기, 탐욕, 음란, 무자비와 폭력의 자리를 떠나라는 것입니다.

가정은 하나님께서 주신 베이스캠프입니다. 아내 아닌 여자를, 남편 아닌 남자를 사랑한다면 멈춰야 합니다. 가정의 축복이 곧 하나님이 주신 축복입니다. 악이라고 생각되는 것들을 멈춰야 진정한 회개의 열매를 맺을 수 있습니다.

네 번째 단계는, 하나님의 약속을 믿는 것입니다. 하나님의 자비로우심을 신뢰하며 내 죄악을 용서해 주시는 하나님의 은혜의 역사 속에 나를 맡겨야 합니다.

"하나님이 뜻을 돌이키시고 그 진노를 그치사 우리가 멸망하지 않게 하시리라 그렇지 않을 줄을 누가 알겠느냐 한지라"(욘 3:9).

우리가 회개할 때, 하나님이 뜻을 돌이키셔서 재앙을 내리지 않으실 것이라는 말씀입니다. "하나님이 뜻을 돌이키시고"에서 '돌이키다'라는 단어는 주어를 인간으로 바꾸면 '회개했다'는 뜻입니다. 영어성경(KJV)에는 'God will repent'라고 표현되어 있습니다. 하나님이 당신의 계획을 바꾸셨다는 의미입니다.

하나님은 돌멩이가 아닙니다. 혹은 시계추처럼 한번 감으면 제 시간에 움직이는 분이 아니라, 우리와 대화하기를 원하시고 우리와 만나기를 원하시는 살아 계신 분입니다. 우리가 우리의 모습 그대로 나와 우리의 죄악을 토해 내면, 하나님은 그것을 들으시고 우리를 다시 받아 주십니다.

> 회개는 굽은 인생을
> 새롭게 시작할 수 있는
> 가장 빠른 길입니다

회개란 하나님이 우리에게 주신 강력한 축복입니다. 부끄러운 옛 자아를 버리고 죄악을 끊어 버리면, 하나님은 더 이상 그것에 대해서 징계하지 않으시고 우리를 하나님의 아들과 딸로 삼으십니다.

그런데 우리는 회개하기를 싫어합니다. 우리의 못된 마음이 회개하기를 거부합니다. '회개하는 순간에 내가 너무 초라해지는 게 아닐까?', '나의 형편없는 모습을 노출시키기가 싫어!' 등의 저항의식이 우리 속에 있습니다. 많이 배우고 많이 알고 많이 가진 사람일수록 회개하기가 쉽지 않습니다.

하지만 우리는 기억해야 합니다. 우리가 하나님의

거룩성 앞에 서면, 우리는 죄인일 뿐입니다. 하나님의 창조성 앞에 서면, 우리는 연약한 피조물일 뿐입니다. 하나님의 영원한 세계 앞에 서면, 우리는 안개처럼 잠시 있다가 사라지는 존재일 뿐입니다. 그러니 하나님 앞에서 폼 잡아서는 안 됩니다. 자존심 때문에 하나님과 대응하는 것을 그만두어야 합니다. 하나님께서 나를 사랑하셔서 아들을 보내시고, 그 아들을 십자가에 못 박아 죽이셨습니다. 하나님을 향해 '아바 아버지'라고 부를 수 있는 축복을 주신 하나님께 우리는 믿음과 신뢰와 사랑을 드려야 합니다.

컴퓨터에 갑작스러운 오류가 났을 때 할 수 있는 일은 리셋(reset) 버튼을 누르는 것입니다. 하나님은 우리에게도 리셋 버튼을 주셨습니다. 인생이 잘못 흘러가고 있다고 생각될 때 이 버튼을 누르라는 것입니다. 인생에게 주신 리셋 버튼은 바로 하나님 앞에서 우리의 모습을 그대로 토해 내는 것입니다. 그러면 하나님이 우리를 새롭게 세우시고 다시 새 길로 이끌어 주실 것입니다.

> 회개는
> 우리가 받은
> 최고의 축복입니다

회개는 하나님의 마음을 움직일 수 있는, 하나님께서 우리에게 주신 축복 중에 축복입니다.

> "오라 우리가 여호와께로 돌아가자 여호와께서 우리를 찢으셨으나 도로 낫게 하실 것이요 우리를 치셨으나 싸매어 주실 것임이라"(호 6:1).

주님 앞으로 나오십시오. 남의 탓을 멈추고 나부터 돌아보기 바랍니다. 그리고 하나님께 "제 속에 불의와 거짓이 있습니다"라고 고백하기 바랍니다. 회개는 용기 있는 사람이 하는 것입니다. 자신의 모습을 직시할 줄 아는 사람이 하는 것입니다. 하나님 앞에 나를 다 내려놓고 과거와 단절시킬 때, 하나님의 축복의 역사 속에 우리가 참여하게 됩니다. 그것이 바로 회개가 주는 복입니다.

우리의 인생을 다시 세우고 싶지 않습니까? 내가 속한 공동체를 다시 세우고 싶지 않습니까? 그러면 회개하십시오. 하나님 앞에 내 모습을 그대로 내려놓으십시오. 하나님께서 우리를 치유해 주시고 감싸 안아 주실 것입니다. 그리고 "너는 내 사랑하는 아들이다", "너는 내 사랑하는 딸이다"라고 말씀하시며 다시 시작하자고 일으켜 세우실 것입니다. 이 귀한 회개의 은총을 우리 모두가 경험하기를 원합니다.

"
하나님 앞에 나를 다 내려놓고
과거와 단절시킬 때,
하나님의 축복의 역사 속에
우리가 참여하게 됩니다.
그것이 바로 회개가 주는 복입니다.
"

> 인간적인 고집과 화는
> 잘못된 것입니다.
> 하나님의 마음을 품은 거룩한 분노가
> 옳은 힘을 가집니다.

사랑이 없다면
거룩한 분노가 아닙니다

사랑은
언제나
옳다

 욘 3:10~4:4

하나님이 그들이 행한 것 곧 그 악한 길에서 돌이켜 떠난 것을 보시고 하나님이 뜻을 돌이키사 그들에게 내리리라고 말씀하신 재앙을 내리지 아니하시니라 요나가 매우 싫어하고 성내며 여호와께 기도하여 이르되 여호와여 내가 고국에 있을 때에 이러하겠다고 말씀하지 아니하였나이까 그러므로 내가 빨리 다시스로 도망하였사오니 주께서는 은혜로우시며 자비로우시며 노하기를 더디 하시며 인애가 크시사 뜻을 돌이켜 재앙을 내리지 아니하시는 하나님이신 줄을 내가 알았음이니이다 여호와여 원하건대 이제 내 생명을 거두어 가소서 사는 것보다 죽는 것이 내게 나음이니이다 하니 여호와께서 이르시되 네가 성내는 것이 옳으냐 하시니라

> 신앙은
>
> 하나님의 사랑을
>
> 삶으로 보여주는 것입니다

2016년 여름, 어느 목요일에 교회 장로님들과 군 선교부 회원들과 함께 전방 7보병사단을 방문하여 휴전선 GOP에 세워진 소망교회에서 헌당식을 가졌습니다. 1979년에 소망교회의 도움으로 지어진 교회인데, 너무 낙후되어서 헐고 새 교회를 다시 멋지게 세웠습니다. 멀리 있는 북한 초소에서도 밤이 되면 빨간 십자가를 볼 수 있고, 종소리를 들을 수 있습니다. 참으로 감사한 일이 아닐 수 없습니다.

그 날 함께 간 성도님들과 제가 큰 감명을 받은 것이 있습니다. 바로 그 부대 사단장 때문이었습니다. 그는 가장 험준한 지형에서 부대원을 지휘했습니다. 보통은 소위 '사단장이 뜬다'고 하면, 수하에 있는 지휘관들과 장병들이 긴장하기 마련입니다. 지적을 받기 때문입니다. 그런데 이곳은 반대로 지휘관들과 장병들이 사단장 곁으로 다가간다는 것입니다. 이 사단장은, 장병들이 전역을 할 때면 한 사람씩 불러 스카프를 손에 매주면서, "세상에 나가면 힘들고 어려운 사람들의 눈물을 이것으로 닦아 주라"고 이야기한다고 합니다.

저도 사단장에게 배지를 하나 받았습니다. 태극기와 칠성부대의 마크가 있고, 그 아래에는 'Never, Never, Never Give Up!'이라고 적혀 있었습니다. 그런데 그가 이 '절대 포기하지 말라'는 메시지를 자신의 인생 지표로 삼게 된 것은, 갈라디아서 6장 9절 말씀을 통해서라고 했습니다.

"우리가 선을 행하되 낙심하지 말지니 포기하지 아니하면 때가 이르매 거두리라."

그는 이 말씀에 근거하여 위문할 때마다 "포기하지 않으면 하나님의 때에 거두게 된다. 그러니 절대 포기하지 말라"고 말하며 음료수나 초콜릿 등을 전한다고 합니다. 이때 쓰이는 상품들이 '절절포(절대 절대 포기하지 말라) 위문품'이라고 했습니다.

GOP가 어떤 곳입니까? 최전방의 초소 근무처 아닙

니까? GOP에 들어가면 약 3개월 동안 그곳에 머물면서 적의 동태를 살펴야 합니다. 마치 인생이 막힌 것 같은 기분이 들 것입니다. 그런 그들에게 용기와 지혜를 주기 위해 사단장이 기도하는 마음으로 이러한 일들을 행하고 있는 것입니다.

또 한 가지 흥미로웠던 것은 '1달러 카드'입니다. 실제 1달러가 든 카드를 모든 장병들에게 준다고 합니다. 그 카드에는 이렇게 쓰여 있습니다. '1달러의 꿈. 1달러의 꿈은 칠성부대 장병들이 세계로 나아가 더 큰 세상을 경험하여 대한민국의 대표 리더로 성장하기를 바라는 염원이 담긴 사단장의 마음입니다.' 그는 이 카드를 주면서 "지금은 GOP를 담당하고 있는 장병이지만, 전역을 하게 되면 세상을 향해 나아가라. 세상 곳곳으로 나아가라. 그곳에서 너희가 가지고 있는 꿈을 믿음 가운데서 꾸라"고 이야기한다고 합니다.

그는 군 지휘관으로서, 또 교회의 장로로서 자신의 신앙을 장병들에게 전하며 그들의 신앙을 지도하고 있었습니다. 그의 삶의 모토는 '죽어도 예배드리고, 굶어도 말씀 읽고, 쓰러져도 새벽기도 드리고, 힘들어도 십일조 드린다'라고 했습니다.

또한 '칠성부대'답게, 7개의 별을 다양한 방법으로 장병들과 간부들에게 주고 있었습니다. 첫 번째는 사격, 두 번째는 체력인데, 이것이 특급 전사 선발 기준에 해당될 만큼 우수하면 별 하나씩을 준다고 합니다. 그 외에도 자원봉사, 3개월 이상 금연, 주요 고지 등정, GOP 전 구간 답사, 경연 우승, 자격증 취득 등을 기준으로 별들을 주고, 7개의 별을 모두 받는 장병과 간부의 가슴에는 배지를 달아 줍니다. 특이한 것은, 장병들에게 책을 읽도록 해서 독후감을 제출하면 별 하나를 주고, 병장으로 전역하기 전에 진급을 하게 되면 또 별 하나를 준다는 것입니다.

그는 단호하면서도 얼굴에는 따뜻한 미소를 머금은 군 지휘관이었습니다. 하나님을 사랑하는 일이 곧 나라를 사랑하는 일이고, 나라를 사랑하는 일이 곧 하나님을 사랑하는 일임을 삶으로 보여 주는 하나님의 사람이었습니다.

> 자신의 고집을
> 꺾지 않는 것은
> 하나님께 대드는 것입니다

예수님을 믿는다는 것이 무슨 의미일까요? 하나님을 사랑한다는 것이 우리 삶에서 어떻게 나타나고 있을까요? 요나를 보면, 바로 앞에서 이야기한 사단장의 모습과는 정반대의 모습이 발견됩니다. 요나는 자신만 아는 존재처럼 보이기까지 합니다. 요나를 생각하면, 미소를 지으며 하나님께 감사하는 모습보다는 하나님 앞에서도 심술궂은 표정으로 화를 내는 모습이 먼저 떠오릅니다.

요나서 4장에 들어가면, 요나서가 구약에서 복음서의 역할을 톡톡히 하고 있는 것을 볼 수 있습니다. 하나님의 모습이 사랑이 많고, 은혜가 풍성하며, 오래 참으시는 분으로 나타나고 있기 때문입니다.

요나는 니느웨에 가서 이렇게 외쳤습니다. "40일이 지나면 니느웨가 무너지리라!" 그런데 놀랍게도 이 말을 듣고 니느웨의 왕으로부터 시작해서 평민에 이르기까지 통회하며 자복하는 일이 벌어집니다. 하나님은 이 모습을 보시며 처음에 계획하신 재앙을 거두십니다. 그러자 요나는 너무 화가 났습니다. 그래서 하나님께 대들기 시작합니다.

"여호와여 내가 고국에 있을 때에 이러하겠다고 말씀하지 아니하였나이까"(욘 4:2).

"하나님, 제가 니느웨로 오고 싶지 않았던 이유가 바로 이거예요. 하나님은 너무 사랑이 많고 자비로우세요!" 자비로우신 하나님의 뜻을 수용할 수가 없다니, 참 모순적이지 않습니까? 그렇다면 요나가 말하는 하나님의 자비로우심은 과연 어떤 것일까요?

"주께서는 은혜로우시며 자비로우시며 노하기를 더디 하시며 인애가 크시사 뜻을 돌이켜 재앙을 내리지 아니하시는 하나님이신 줄을 내가 알았음이니이다"(욘 4:2).

하나님은 은혜롭고 자비롭고 노하기를 더디 하시

고 인애가 크셔서, 감히 하나님 앞에 설 수 없는 나 같은 죄인도 주님 앞에 나와 회개하면 용서하신다는 것을 요나는 알았습니다. 하지만 그 은혜는 자신에게만, 이스라엘 백성에게만 주어져야 한다고 생각했습니다. 그래서 이방 백성에게까지 미치는 하나님의 은혜에 불평과 원망이 생긴 것입니다. "이방인들은 하나님의 백성이 아니지 않습니까? 그들을 이스라엘 백성과 비교하는 것은 있을 수 없는 일입니다. 저들은 망해야 합니다. 저들이 가진 모든 것을 빼앗으셔도 괜찮습니다. 그런데 왜 살리십니까? 왜 은혜를 베푸십니까?"

심지어 요나는 자신의 생각을 모른 척하시는 하나님께 차라리 죽음을 택하겠다고까지 합니다.

"여호와여 원하건대 이제 내 생명을 거두어 가소서 사는 것보다 죽는 것이 내게 나음이니이다 하니"(욘 4:3).

죽는 것이 낫다니, 예언자가 할 말이 아니지 않습니까? 그런데 요나의 이 말은, 자살 충동과는 다릅니다. 모든 것에 체념하여 이야기하는 것도 아닌 것 같습니다. 그의 의도는 하나님을 향한 저항처럼 보입니다. "하나님, 저는 하나님의 결정이 싫습니다. 하나님의 자비가 싫습니다. 이제 제 할 일은 다 끝났으니 저를 데려가십시오!" 하나님을 상대로 담판을 짓고자 하는 것입니다. '니느웨 백성을 멸망시키든지, 하나님의 예언자인 나를 죽이든지 둘 중에 하나를 택하라'면서 말입니다. 한마디로 자신은 생각을 바꾸지 않겠다는 고집스런 태도로 하나님께 대들고 있는 것입니다.

우리도
조건 없는 사랑을
받았습니다

하나님은 요나에게 다음과 같은 질문을 하십니다.

"여호와께서 이르시되 네가 성내는 것이 옳으냐 하시니라"(욘 4:4).

"요나야, 네가 화를 내는 것까지는 알겠다. 그런데 계속 화를 내야 되겠느냐? 그것이 합당한 일이냐?" 하나님은 화내지 않으시고 오히려 요나에게 되물으십니다.

요나를 보면 예수님이 말씀하셨던 탕자의 비유에 나오는 첫째 아들이 떠오릅니다. 집 나갔던 동생이 다시 돌아왔을 때, 그는 결코 달가워하지 않았습니다. 돌아온 아들의 손에 가락지를 끼우고 그를 위해 잔치까지 베푸는 아버지를 전혀 이해할 수도 없었습니다. "저런 나쁜 아들을 조건 없이 받아들여서는 안 됩니다! 벌을 받아야 할 사람에게 잔치가 웬 말입니까? 용서를 해 주시는 것도 아니고 그냥 받아 주신다고요?" 아무런 야단도 없이 아들을 받아들이는 아버지를 보며 첫째 아들은 요나처럼 화를 냈습니다.

"그가 노하여 들어가고자 하지 아니하거늘 아버지가 나와서 권한대"(눅 15:28).

동생이 돌아왔으니 아버지로부터 받게 될 자신의 지분이 줄어들게 될 거라는 생각이 있었는지도 모릅니다. 또는 내키는 대로 사는 부류와는 어울리기 싫었는지도 모릅니다. 한 고급 교육공무원의 "민중은 개돼지와도 같다"는 취중발언으로 온 나라가 발칵 뒤집힌 적이 있습니다. 어쩌면 이런 생각을 갖고 있는 사람들이 많을지도 모른다는 생각에 마음이 아프고 슬픕니다.

좋은 사회란 어떤 사회입니까? 많이 가진 사람이 더 많이 갖게 되어 떵떵거리며 살 수 있는 사회입니까? 힘 있는 사람이 더 많은 힘을 갖게 되고, 그래서 그 힘을 마음껏 휘두를 수 있는 사회입니까? 아니면 가난한 사람들에게 희망이 보이는 사회, 부모는 많이 배우지 못했어도 그 자녀들에게는 배움의 기회가 열리는 사회입니까? 부모 세대가 아무리 어렵고 힘들게 살아왔어도 그다음 세대에는 변화의 가능성이 열린 사회입니까?

당연히 후자일 것입니다. 연약한 사람들, 버려진 사람들에 대한 배려가 없는 사회는 살벌한 사회입니다. 변화와 기회의 가능성이 누구에게나 열려 있는 사회가 되도록 모든 국민이 노력하는 것이 좋은 사회로 향하는 걸음입니다.

때로는
화를 내는 것이
복이 됩니다

성경은 요나가 화를 냈다고 기록하고 있습니다. 지금껏 한 번도 화를 내지 않고 살아온 사람은 없을 것입니다. 즉, 어떠한 상황에서 화를 낸다는 것은 인간의 정상적인 반응입니다. 또한 화를 내는 것이 나쁜 것만은 아닙니다. 그것은 때로 인생의 축복이기도 합니다. 화는 자신을 보호하라는 경보음입니다. '지금 네 자아가 깨지고 있어. 네 가치관이 위협을 받고 있어. 네가 무시당하고 있어. 네가 억울한 상황이야!' 나에게 소중한 것이 귀하게 여겨지지 않을 때, 자신을 보호하기 위한 방어도구로 화를 내는 것입니다. 마치 칼에 찔리는 것을 막기 위해서 갑옷을 입는 것과 같습니다. 따라서 화를 너무 억제해서는 안 됩니다. 화를 통제하기만 하다가 가슴이 멍들고, 속에 응어리가 지는 사람들이 있습니다. 소위 말하는 화병을 앓게 되는 것입니다. 때로는 화를 표현할 줄 알아야 합니다.

물론 화내는 것이 축복이기만 한 것은 아닙니다. 화내는 것이 화가 될 때가 있습니다. 자기 절제가 무너지고, 자기 자신뿐만 아니라 남을 향해서 독을 품게 될 때 그렇습니다. 그렇게 되면 부드러운 내면세계가 사라져서 삶 전체가 황폐해질 수 있습니다. 화를 내는 것도 일종의 열정입니다. 그러나 그것은 사랑과 긍휼이 없는 열정입니다. 그래서 때로는 인간을 다치게 합니다.

하지만 분명한 한 가지는, 화를 낸다는 것은 내가 살아 있다는 증거라는 점입니다. 나는 감정을 느끼는 존재이며, 나에게 할 말이 있다는 것을 드러내는 일입니다. 그러니 무조건 억제하려고만 해서는 안 됩니다. 육체적, 정신적 건강을 위해서 '화를 내는 일'은 매우 중요합니다. 그래서 우리는 화를 낼 줄 알아야 합니다.

다만 화를 낼 때 기억해야 할 원칙이 있습니다. 우선 감정을 가라앉힌 후에 화난 이유를 말해야 합니다. 감정을 가라앉히기 전에 그대로 표출하게 되면, 화를 내는 당사자도 망가지고 상대방도 망가집니다. 하지만 끓어오르는 감정을 가라앉히면, 쉽게 표현할 수 없었던 내 속에 있는 말을 상대방에게 정당하게 알릴 수 있습니다. 거절하고 싶은 제안은 왜 거절하는지, 자신이 바라는 것은 무엇인지 자신의 입장을 표명할 수 있습니다.

하지만 이러한 방법만으로도 해결되지 않는 것들이 있습니다. 때를 놓쳤거나 어떠한 이유에서든 당시 화를 낼 수 없었던 일들이 마음속에 쌓이는 것은 피할 수 없기 때문입니다. 우리는 그 화를 하나님께 쏟아낼 수 있어야 합니다. "하나님, 이게 뭡니까? 저는 정말 억울합니다." 하나님 앞에서 내 감정을 그대로 이야기해야 합니다. 그러면 하나님의 음성이 들리기 시작합니다. "네가 화가 났구나. 그런데 네가 화내는 것이 옳으냐?"

만약 그 질문 앞에서 마음속에 '네, 옳습니다'라는 답이 나온다면, 계속 화를 내야 합니다. 하지만 '제가 형편없는 것, 쓸데없는 것 때문에 화를 냈네요. 지금 보니까 별것 아니네요'라고 깨달아진다면 화내는 것을 멈춰야 합니다. 그러면 하나님께서 내 안에 치유의 역사를 허락해 주실 것입니다. 그리고 하나님이 베푸시는 그 치유의 역사를 통해 우리는 하나님과 함께 더 큰 것을 향해 나아갈 수 있습니다.

거룩한 분노가
나와 공동체를
살립니다

우리는 화를 내고 분노해야 할 것이 무엇인지 분별할 줄 알아야 합니다. 인간적인 분노인지, 아니면 하나님과 이웃을 먼저 생각하는 거룩한 분노인지 바르게 판단할 줄 알아야 합니다. 만약 인간적인 분노에 멈추게 되면, 요나처럼 속 좁고 못된 사람이 되고 맙니다.

하지만 나 자신을 향한 거룩한 분노는 나의 잘못된 모습을 바꿉니다. 그리고 세상을 향한 거룩한 분노는 세상의 악에 맞서게 합니다. 이처럼 하나님의 마음을 품은 분노는 사랑만큼 힘이 있습니다. 구약과 신약에 나타난 위대한 사람들은 하나님의 마음으로 이 분노 에너지를 가졌습니다. 시대의 악, 하나님을 알지 못하는 것에 대한 연민과 분노로 믿음의 역사를 이루어 갔습니다. 모세가 그랬고, 엘리야가 그랬고, 사도 바울이 그랬고, 예수님이 그러셨습니다.

우리는 무엇 때문에 분노하고 있습니까? 나의 분노

는 거룩한 분노입니까? 아니면 지극히 개인적인 욕심에 기반을 둔 인간적인 분노입니까?

  오늘도 주님 앞에 내 모습을 그대로 아뢰기를 바랍니다. 그리고 기도하십시오. "주님, 인간적인 분노를 멈추게 하시고 거룩한 분노를 품게 하소서. 그래서 주님의 역사를 이루는 일에 쓰임받게 하소서."

> 하나님은 생명의 하나님, 치유의 하나님,
> 회복시키시는 하나님이십니다.
> 우리를 사랑하셔서 구원하시고
> 하나님의 품으로 돌아오게 하십니다.

하나님의 넓은 사랑이
우리를 구원했습니다

사랑은
언제나
옳다

 욘 4:4~11

여호와께서 이르시되 네가 성내는 것이 옳으냐 하시니라 요나가 성읍에서 나가서 그 성읍 동쪽에 앉아 거기서 자기를 위하여 초막을 짓고 그 성읍에 무슨 일이 일어나는가를 보려고 그 그늘 아래에 앉았더라 하나님 여호와께서 박넝쿨을 예비하사 요나를 가리게 하셨으니 이는 그의 머리를 위하여 그늘이 지게 하며 그의 괴로움을 면하게 하려 하심이었더라 요나가 박넝쿨로 말미암아 크게 기뻐하였더니 하나님이 벌레를 예비하사 이튿날 새벽에 그 박넝쿨을 갉아먹게 하시매 시드니라 해가 뜰 때에 하나님이 뜨거운 동풍을 예비하셨고 해는 요나의 머리에 쪼이매 요나가 혼미하여 스스로 죽기를 구하여 이르되 사는 것보다 죽는 것이 내게 나으니이다 하니라 하나님이 요나에게 이르시되 네가 이 박넝쿨로 말미암아 성내는 것이 어찌 옳으냐 하시니 그가 대답하되 내가 성내어 죽기까지 할지라도 옳으니이다 하니라 여호와께서 이르시되 네가 수고도 아니하였고 재배도 아니하였고 하룻밤에 났다가 하룻밤에 말라 버린 이 박넝쿨을 아꼈거든 하물며 이 큰 성읍 니느웨에는 좌우를 분변하지 못하는 자가 십이만여 명이요 가축도 많이 있나니 내가 어찌 아끼지 아니하겠느냐 하시니라

하나님은 요나가 깨닫기를 바라셨습니다

하나님과 요나의 영적 씨름이 이제 막바지에 이릅니다. 요나는 자신의 생각을 마지막까지 바꾸지 않았습니다. 하나님께서도 당신의 생각을 끝까지 지키셨습니다. 그래서 두 생각이 충돌합니다.

하나님의 뜻은 무엇입니까? 인간이면 누구나, 인종이나 민족, 나이, 성별과 상관없이 다 하나님 앞에 나아올 수 있는 것입니다. 그리고 그들을 통해 하나님의 축복을 나누는 것이 하나님의 뜻입니다. 하나님은 이러한 하나님의 뜻을 보이고 요나를 움직이기 위해 인간이 경험할 수 있는 모든 것을 활용하여 요나를 설득하십니다. 앞에서도 살펴봤지만, 요나서에는 하나님이 주체가 되어 요나를 가르치신 기록이 반복적으로 나타납니다.

"여호와께서 큰 바람을 바다 위에 내리시매"(욘 1:4).

"여호와께서 이미 큰 물고기를 예비하사 요나를 삼키게 하셨으므로"(욘 1:17).

"여호와께서 그 물고기에게 말씀하시매 요나를 육지에 토하니라"(욘 2:10).

"하나님 여호와께서 박넝쿨을 예비하사 요나를 가리게 하셨으니"(욘 4:6).

"하나님이 벌레를 예비하사 이튿날 새벽에 그 박넝쿨을 갉아먹게 하시매 시드니라"(욘 4:7).

"해가 뜰 때에 하나님이 뜨거운 동풍을 예비하셨고"(욘 4:8).

하나님은 요나가 하나님의 마음을 이해할 수 있게 되기를 바라시며 요나의 인생에 개입하셨습니다.

> 인간적인 오만이
> 하나님의 뜻을
> 거부하게 만듭니다

요나서는 요나를 향한 하나님의 말씀으로 끝이 납니다. 그런데 요나가 이 글을 남긴 것을 보면, 그가 자신의 삶 곳곳에 하나님의 손길이 묻어 있었음을 깨닫게 되었을 것이라 생각됩니다. 요나가 도망을 가려 했을 때도 하나님은 찾아오셨습니다. 요나가 화를 내며 하나님께 대항했을 때도 하나님은 참으셨고, 도리어 요나에게 은혜를 베푸셨습니다.

신앙이란 무엇일까요? 하나님의 섭리를 깨닫는 것입니다. 내 삶의 순간순간에 찾아오시고 임재하시는 성령의 역사를 느끼는 것입니다. 하나님은 때로는 눈에 띄지 않는 작은 사건을 통해서, 때로는 삶을 뒤엎을 만한 요란한 사건을 통해서 우리에게 다가오십니다. 하나님께서 우리의 삶을 어떻게 여기까지 인도하셨습니까? 그 방법과 모습은 다 다르겠지만, 한 가지 공통점은 내 삶의 자리에 찾아오신 하나님을 느끼며 하나님께 사랑을 고백했던 신앙이 우리를 여기까지 이르게 했다는 점입니다.

하나님은 왜 요나를 내팽개치지 않으셨을까요? 하나님은 자신의 생각이 뚜렷한 요나를 귀하게 보신 것 같습니다. 하나님의 뜻을 모두 알지는 못했지만, 그에게는 하나님을 향한 생각이 있었습니다. '하나님은 죄를 미워하신다. 그리고 죄를 지은 사람을 징계하시고 심판하시는 거룩한 분이다. 하나님은 공의의 하나님, 정의로운 하나님이시다.' 바로 이 사실에 그는 자신의 전 생애를 걸었습니다.

그런데 문제는 하나님의 또 다른 면을 받아들이려고 하지 않았다는 점입니다. 하나님의 또 다른 면은 바로 이것이었습니다. '하나님은 죄를 지은 인간이 진심으로 회개하면 용서하신다. 하나님의 용서의 사랑이 공의와 정의보다 훨씬 더 크다.' 요나가 이것을 몰랐을 리가 없습니다. 단지 이것이 유대인에게만 해당되는 것이라고 생각했던 것입니다. 요나의 편협함과 오만함이라고 할 수 있습니다.

박넝쿨 믿음에
만족하고 있는 것은
아닙니까?

니느웨를 향한 하나님의 용서에 요나는 화가 났습니다. 그는 하나님이 정말 니느웨 백성을 용서하시는지 확인하기 위해 뙤약볕 아래 앉아 니느웨 성을 지켜보았습니다. 초막을 지었지만, 너무 엉성하여 뙤약볕을 피할 수는 없었습니다. 바로 그때 하나님은 요나에게 작은 선물을 하나 주십니다. 바로 박넝쿨입니다. 요나의 머리가 뙤약볕에 상하지 않도록 그늘을 만들어 주신 것입니다.

> "이는 그의 머리를 위하여 그늘이 지게 하며 그의 괴로움을 면하게 하려 하심이었더라 요나가 박넝쿨로 말미암아 크게 기뻐하였더니"(욘 4:6).

하나님의 작은 선물에 요나는 기뻤습니다. '하나님이 내 마음을 헤아리고 계시는구나. 나를 지켜보고 계시는구나' 하는 안도감이 들었습니다. 그런데 아침에 일어나니 밤새 벌레가 박넝쿨을 갉아먹어 박넝쿨이 시든 것이 아닙니까? 시든 박넝쿨을 보니 요나는 다시 화가 났습니다.

> "해가 뜰 때에 하나님이 뜨거운 동풍을 예비하셨고 해는 요나의 머리에 쪼이매 요나가 혼미하여 스스로 죽기를 구하여 이르되 사는 것보다 죽는 것이 내게 나으니이다 하니라"(욘 4:8).

하나님은 요나가 있는 곳에 뜨거운 동풍을 불게 하셨고, 요나는 화가 잔뜩 나서 불평과 원망의 소리를 하나님께 터트렸습니다. "아니, 하나님, 제가 이런 소소한 기쁨을 누리는 것도 못 봐 주시는 거예요? 너무하신 것 아니에요? 제가 이 정도의 복도 누릴 수가 없나요? 사랑의 하나님, 은혜의 하나님이시면서 제가 위로받고 있는 이 박넝쿨 하나를 시들게 하십니까? 차라리 제가 죽도록 내버려 두세요. 사는 것보다 죽는 것이 더 낫겠습니다!"

하나님은 요나의 화난 목소리를 들으시고는 "네가

화내는 것이 옳으냐?" 하고 물으십니다. 그러나 그것은 질책이나 야단이 아닙니다. 따뜻하고 다정한 물음이었습니다. 이에 요나는 뭐라고 대답합니까?

> "하나님이 요나에게 이르시되 네가 이 박넝쿨로 말미암아 성내는 것이 어찌 옳으냐 하시니 그가 대답하되 내가 성내어 죽기까지 할지라도 옳으니이다 하니라"(욘 4:9).

굉장한 말이 아닙니까? 겨우 박넝쿨 때문에 화내는 것이 옳다는 것입니다. 이런 요나의 모습은, 그가 영적 침체에 빠졌다는 것을 반증합니다. 영적 침체와 영적 분노는 자기연민, 자기모멸을 동반합니다.

> 하나님의 침묵과 부재는
> 우리를 영적 분노에
> 빠지게 합니다

영적 침체를 경험하는 사람은 본래 열정이 있는 사람

입니다. 뜨겁게 불타는 비전을 가졌던 사람들이 목표를 잃어버렸을 때 영적 침체에 빠지고 영적 분노를 경험하게 됩니다. 뜨겁지도 차갑지도 않고, '하나님이 도우시면 감사하고, 안 도우시면 내가 하면 되지' 하는 마음을 가진 사람은 영적 침체나 영적 분노를 경험하는 일이 별로 없습니다.

요나는 열정을 가진 사람이었습니다. 하나님이 주신 비전을 확인하고 이스라엘을 향한 사명감도 강했던 그는, 자신의 생각대로 일이 이루어지지 않자 무기력과 절망 속에서 신음하게 된 것입니다.

세상 사람들이 나를 안 알아주면 기분이 나쁘지 않습니까? 그런데 그들은 나와 밀접한 관계를 가진 것은 아니어서 기분은 나빠도 살아가는 데 크게 지장은 없습니다. 그러나 가족이나 친구처럼 내가 사랑하고 나를 잘 아는 사람이 나를 안 알아주면 화가 치밀 뿐만 아니라 절망하게 됩니다. 그런데 이 또한 참을 수 있습니다. 사람이 사람의 마음을 다 헤아릴 수는 없으니 알아주지 못할 수도 있다고 생각할 수 있습니다.

그런데 믿음의 사람들에게 도저히 빠져나올 수 없

는 괴로움이 있습니다. 바로 하나님이 나를 외면하시는 것처럼 느껴질 때의 괴로움입니다. 하나님의 침묵과 부재를 느낄 때, 우리는 영적 침체와 영적 분노에 빠지게 됩니다. 영적 지도자들에게 이런 경우가 많았습니다. 모세도, 450명의 바알 선지자들을 물리쳤던 용맹한 선지자 엘리야도 영적 침체에 빠진 적이 있었습니다.

욥의 이야기를 다 알 것입니다. 욥은 어느 날 모든 것을 잃어버렸습니다. 재산을 잃고, 사랑하는 자녀들을 잃어버렸습니다. 몸에는 종기가 나서 괴로웠습니다. 그 모습을 보고 있던 아내는 "당신을 이렇게 만든 하나님을 저주하고 죽어라"라고 말하며 떠났습니다. 욥은 그 모든 것을 참을 수 있었습니다. 욥이 견딜 수 없는 것은 다른 것이었습니다. 바로 하나님이 사라지신 것입니다. 하나님이 침묵하시고, 자신을 외면하시는 것을 견딜 수가 없었습니다. 그래서 그는 끊임없는 물음을 하나님 앞에 토해 냈습니다. 이것이 욥기의 이야기입니다.

하나님은
박넝쿨을 통해
요나를 깨닫게 하십니다

하나님은 마지막 순간에 요나의 마음을 움직이시려고 합니다. 하나님의 생각과 요나의 생각이 그리 다르지 않음을 알려 주시며 요나를 설득하십니다.

> "여호와께서 이르시되 네가 수고도 아니하였고 재배도 아니하였고 하룻밤에 났다가 하룻밤에 말라 버린 이 박넝쿨을 아꼈거든"(욘 4:10).

"네가 이 박넝쿨이 자라는 데 수고한 것이 없지 않느냐? 그저 하룻밤에 났다가 하룻밤에 시든 박넝쿨인데도 좋아하고 아끼지 않았느냐?" 요나는 속으로 대답했을 것입니다. "맞습니다. 제가 이 박넝쿨을 아꼈습니다. 뙤약볕을 가려 주니 얼마나 소중합니까? 제가 하나님의 선지자로서 이 정도는 누릴 자격이 있지 않습니까?"

그러자 또다시 하나님의 음성이 들려왔습니다.

"하물며 이 큰 성읍 니느웨에는 좌우를 분변하지 못하는 자가 십이만여 명이요 가축도 많이 있나니 내가 어찌 아끼지 아니하겠느냐 하시니라"(욘 4:11).

11절은 요나서의 마지막 절임과 동시에 요나서 전체에 이르는 질문이며 대답입니다. "요나야, 네가 하룻밤에 났다가 하룻밤에 사라지는 박넝쿨을 아끼지 않았느냐? 나도 그렇다. 네가 멸망하기를 원하는 이 니느웨성에는 12만 명 이상의 사람들이 살고 있다. 이 사람들과 박넝쿨이 비교가 되느냐? 여기에는 짐승도 많이 있다. 너는 하룻밤에 났다가 사라지는 박넝쿨도 아꼈는데, 내가 이 백성을 아끼고 사랑하고 이들에게 생명을 주려는 것은 당연하지 않겠느냐? 네 생각이 옳으냐? 아니면 내 생각이 옳으냐?"

놀랍게도 이 질문에는 대답이 없습니다. 하지만 이 질문에는 많은 의미가 담겨 있습니다. "나는 생명의 하나님, 치유의 하나님이 아니냐? 나는 회복시키는 하나님이 아니냐? 나는 인간을 죽이고 파멸하는 하나님이 아니라 인간을 구원하고 사랑하고 인간에게 생명을 주는 하나님이 아니냐? 내가 이스라엘 민족을 세운 것은 이스라엘 민족뿐만 아니라 그들을 통해서 전 세계 만민이 나의 살아 있음을 알고 내게로 돌아오도록 하기 위한 것이 아니냐?"

하나님이 악인이 멸망하는 것을 좋아하셨다면, 요나를 보내지 않으셨을 것입니다. 예수 그리스도도 이 땅에 보내지 않으셨을 것입니다. 우리는 어떤 사람들입니까? 내 속에 있는 죄악을 내가 알지 않습니까? 하나님께서 죄인인 나를 구원하시기 위해서 사랑하는 아들을 이 땅에 보내시고, 예수 그리스도의 이름을 믿기만 하면 구원받고 하나님의 자녀가 되는 약속을 주셨습니다. 바로 이것이 하나님의 뜻입니다.

내 모습 그대로
주님 앞에 나아갈 때
새로운 일이 시작됩니다

우리에게 언제 치유가 일어날까요? 우리 안에 응어리

진 것들이 언제 풀어질까요? 어떻게 해야 내 속에 있는 미움과 분노가 사라질 수 있을까요? 예수 그리스도의 이름으로 하나님 앞에 설 때, 내 모습 그대로를 하나님께 토해 낼 때, 나를 억압하고 있는 것들을 하나님이 풀어 주십니다. 내 안의 질병과 나를 낙심하게 하는 불안과 탄식을 하나님이 사라지게 하십니다. 이것이 성경의 이야기입니다. 하나님의 말씀이고 하나님의 약속입니다. 그리고 하나님이 예수 그리스도를 이 땅에 보내신 이유입니다.

하나님이 우리에게 말씀하십니다. "내 앞에 오기만 해라. 내가 너를 사랑하겠다. 아니, 네가 내 앞에 오기 전부터 나는 너를 지켜보고, 사랑하고, 기다리고 있었다." 우리를 향한 하나님의 사랑의 음성입니다.

우리를 억압하고 힘들게 하고, 우리 마음에 미움과 분노를 만들어 내는 것은 무엇입니까? 그것을 주님 앞에 내려놓으십시오. 내 모습 그대로 하나님 앞에 아뢰라고 하나님은 요청하십니다. 그리고 하나님이 베푸신 사랑의 은총을 경험하고, 생명을 주시는 하나님의 소식을 갖고 세상에 나가서 "하나님은 살아 계시다. 예수님이 우리의 주님이시다. 그분은 우리를 사랑하시고 우리에게 생명을 주시는 분이다"라고 선언하며 살도록 우리를 세우십니다. 바로 이것을 가르치기 위해서 우리에게 요나서를 주신 것입니다.

우리에게 주신 이 놀라운 생명의 축복, 하나님의 사랑과 긍휼의 축복을 다시 확인하기 바랍니다. 그리고 "하나님, 제가 주님 앞에 저 자신을 열겠습니다. 제 안에 오셔서 저와 동행해 주시고, 이제는 하나님의 아들로, 하나님의 딸로 제 인생을 새롭게 열어가게 하옵소서"라고 기도하며 새롭게 결단하는 주님의 귀한 자녀들이 되기를 간절히 바랍니다.

> "예수 그리스도의 이름으로
> 하나님 앞에 설 때,
> 내 모습 그대로 하나님께 토해 낼 때,
> 나를 억압하고 있는 것들을
> 하나님이 풀어 주십니다."

하나님의 사랑은 언제나 옳습니다.

그 사랑의 음성에 따르는 것이
자녀 된 우리가 보여야 할
진정한 순종입니다.